搞定人摆平事

马银春·编著

中国商业出版社

图书在版编目（CIP）数据

搞定人 摆平事/马银春编著．—北京：中国商业出版社，2010.12（2021.7 重印）

ISBN 978－7－5044－7104－8

Ⅰ.①搞… Ⅱ.①马… Ⅲ.①人际关系学—通俗读物 Ⅳ.①C912.1－49

中国版本图书馆 CIP 数据核字（2010）第 204119 号

责任编辑：郭 强

中国商业出版社出版发行

010－63180647 www.c－cbook.com

（100053 北京广安门内报国寺 1 号）

新华书店经销

三河市华晨印务有限公司印刷

*

710 毫米×1000 毫米 16 开 16 印张 276 千字

2011 年 1 月第 1 版 2021 年 7 月第 2 次印刷

定价：39.80 元

* * * *

前　言

每个人生活在这个世界上，都不是孤立存在的，惟有借助众人的力量、众人的智慧，才能功成名就，如愿所偿。所以，善于观察并发掘能为你办事的人，并与其建立良好的人际关系，是你成功的关键。在办事的时候，只有从庞大的人际网络中找对了人，才能把事情办得圆圆满满。而要想使自己的生活和事业走向成功，就要把领导、下属、家人、亲戚、老乡、同学、朋友乃至对手、同仁提供的机会，变为自己事业起航的风帆。要知道，唯有找对人，才能办对事。

一个人在社会上谋生存求发展，所要依靠的能力主要有两种：一是专业技术能力，二是做事能力。做事能力是一个人综合素质的集中体现，提高做事能力就能提高生存质量。但是，如果一个人只能一心做自己的事，而不能摆平事，那么他的本事肯定不全面。从某种意义上讲，能够摆平事，处理好各类突发事件，更能体现一个人驾驭全局，处理复杂问题的能力。

漫漫人生路，坎坷何其多。有些人在困难和挫折面前，只是一味地抱怨命运对自己不公平、没有人帮助自己渡过难关，却从不主动去寻找解决问题的途径，结果白白荒废了光阴，自己也永远止步于成功的大门外。其实，只要静下心来仔细想一想，你就会惊喜地发现——你要找的人就在你身边！有了人际关系，机会和运气就会处处光顾；而没有人际关系，人生就会处处碰壁。“成功学之父”戴尔·卡耐基曾说：“一个人事业上的成功，只有15%是靠他的专业技术，85%靠人际关系、处世技巧。”所以，在商业竞争激烈的今天，一个人要想聚财，就要先聚人。有了人气，才会有财气。积累了人脉资源，才有成功的可能。

工作不像吃饭，吃个七八分饱就够了。更多的时候，在工作中有时你费尽十分力气，也未必有五分收获。在很多情况下，你有能力摆平一件事，却难以搞定一个人。而这个人，偏偏会坏你的事！可见人不是那么容易就可以搞定的，尤其是优秀的人更不容易搞定！与其低俗地争来斗去，不如放眼全球，努力提高自己，升级自己的“武器攻略”，从内到外全部重新武装自己，展现一个全新的自我！

大千世界，无奇不有。社会上每个人的性格、能力千差万别：有的人胸襟广阔，有的人心地狭小；有的人处事平和，有的人个性急躁；有的人富于理性，有的人感情用事……正所谓千人千面，千人千心。如果用人不当，把事情交给不负责任或能力不够的人去办，必然是成事不足，败事有余。因此，如何琢磨人、分析人、识别人、判断人，并针对不同情况来选人找人，是一门复杂的学问。

可以说，在很多情况下，摆平事其实就是搞定人！搞不定别人就难免会被别人搞定，苦水只好往肚子里咽。如果你在办公桌旁搞不定他（她），那么就渗入他（她）的生活搞定他（她）。工作、事业、恋爱、婚姻、家庭……一切的一切，你首先要搞定人，才能摆平事！

目　录

第一篇

搞定别人之前先要搞清自己

如果你想办成事，请先搞清自己，再搞定别人。古往今来，人们想了解却又最难搞清的正是自己。搞清自己，就是发现自己的天赋才能，然后发挥它，积极地去实现它；发现自己的缺点不足，然后有意识地去改变它、纠正它。

我是谁

了解自己是做人的基础。生活在当今社会的我们，只有正确认识自己，才能昂首挺胸理直气壮地对别人说："我是……"

在日常生活中，我们总说很难看透别人是个什么样的人。如果我问你，你能认清你自己吗？肯定会有很多人语塞。是啊，我能认清自己吗？这是很多人经常考虑到的一个问题，也是一个很难回答的问题。

古希腊人曾把"认识自己"看作人的最高智慧，阿波罗神殿大门上写着这样一句箴言"要认识你自己"。我们也常说："人贵有自知之明。"然而，生活中却常有这样的现象：有些人容易看到自己的优点和长处，却很难看到自己的弱点和不足；有些人看到自己的很多问题，却看不到自己主要的问题。事实上，这种现象的产生是正常的，人对自己的认识也和人对客体世界的认识一样，需要有一个了解和学习的过程，不像照镜子那样简单。同时，我们也常常处于各种不同的评判和议论之中，有人赞许、称颂你，有人批评、责怪你，甚至歧视你。在这各种各样的议论中，你能正确地分清哪个是真正的"你"吗？你是从这些评价和议论中汲取有益的营养丰富自己、改造自己呢，还是丧失了自主精神与独立人格而湮没在他人的评议中呢？

有的人过高地估计自己的能力，给自己提出一些不切实际的目标，盲目前进，结果弄得鸡飞蛋打。别人也可能认为他自命不凡、自命清高、骄傲自大，不愿同他交往。也有的人过于自卑，对自己的评价低于自己的实际水平，因而畏首畏尾，萎靡不振，一事无成。甚至有的人自暴自弃，破罐破摔，做出一些有损他人利益的举动。一个人如果不能很好地认识自己，调节和控制自己的言行，就很难处理好人际关系，成为一个受人欢迎的交往者。由此可见，客观地、透彻地、准确地认识自己至关重要。

股神巴菲特素来以对市场犀利的洞察力著称，并因此积累了惊人的资本。但又有谁知道，股神在提出每个收购方案之前，都会仔细地审视自己集团的资金流动状况，以及资本循环链条的稳定状况。在完全了解自己现阶段的财政能力下，他才开始计划。

巴菲特真的是一个聪明人，因为他不会被优势所惑而失去理智。他从来都是以谦卑的态度来审视自己，从未因超人的天赋而骄傲。正是因为他的谨慎、谦虚，所以他清醒、理智，从而避免了许多不必要的亏损。因此，他在金融市场所缔造的不败神话绝非偶然。其成功秘诀在于清醒地认识自己，并保持谦虚谨慎的态度。

认清自己是一个很重要的问题，其中最重要的一点是不被自己某些方面的优势冲昏头脑，不骄不躁。巴菲特显然做到了。但是，现实中许多人被自己小小的优势冲昏头脑，认不清自己，仅仅看到自己的优势便骄傲上了天。所以，他们注定是跳梁小丑，注定会失败。

你可以通过以下途径认识自己：

第一，开放自己的人生。如果一个人离群而居，把自己锁闭在自我封闭的小圈子里，他就不可能得到友谊和友情，也不可能真正地认识自己。因此，自我开放是认识自己的前提条件。当然，自我开放也是有一定限度的，一个人不可能也不应该没有自己的隐私，而且自我开放也有个地点、对象的问题。如果你在大街上当众披露自己的隐私，别人一定觉得你是神经病。当然，你也不会对那些搬弄是非、喜欢把你的事张扬出去的恶人开放。一般是向彼此比较了解的知心朋友倾吐个人的心事。

第二，关注别人对自己的态度。别人对自己的态度，可以作为一面心理镜子，借以认识自我。正如心理学家柯里所说："人与人之间可以互相作为镜子，都能照出他面前的人的形象。"别人是肯定你、尊重你还是否定你、怠慢你？是乐于和你交往还是故意和你疏远？这是不难察觉的。如果是前者，那就说明你有一些令人愉悦的优点，应加以发扬；如果是后者，那就说明你有一些令人讨厌的缺点，应赶快改正。但是，别人的态度只能作为参考，难免会有歪曲、夸张、偏爱、失实、误会等原因。因此，不妨与更多的人接触，那样对自己可以了解得更真实些。

第三，与周围的人相比较。马克思说过："人起初是以别人来反映自己的……"在自我认识的形成中，经历了一个"社会比较过程"。在社会生活中，人们结成了一定的生产关系和社会关系，难免拿自己与其他社会成员进行比较，从而确定自己的位置和形象。有比较才有鉴别。与自己生活圈子内的人相比较，往往会限制自己的视野，使自己故步自封、夜郎自大。因此，还要常常与历史上的圣哲、英雄相比，与外地的同行相比。这样做，可以使自己看到"山外有山"，发现差距，从而激发向上的力量。

第四，通过自己的特长和业绩来认识自己。在丰富多彩的现实生活中，每一个人都具有各自的特点和才能。三百六十行，行行出状元。有人擅长书画，有人精于琴棋，有人具有高超的组织能力，有人具有突出的科研能力……现实生活要求我们主动参加活动，通过活动的结果发现自己的特长，挖掘自己的心理潜能，提高自己的社会价值。同时，通过活动发现自己的弱点，从而有针对性地克服弱点。

我的目标何在

不管做什么事情，都要给自己设定奋斗的方向。若没有奋斗的目标，就像断了线的风筝，只能漫无天际地飞舞。

斯宾塞·约翰逊指出：“在人生的追求过程中，起步前要多长一只眼睛去审视时机，起步时要多长一只手去抓住时机。”欲起步的人生贵立志，已起步的人生贵坚持。立志就是设计自己的一生：树立什么样的理想，从事什么样的事业，成为什么样的人。

“有志者立长志，无志者常立志。”一个胸怀大志的人，肯定有着明确而专一的目标，并为自己制订计划。不论是十年、五年、一年还是半年，只因为目标明确，他前行的道路才充满意义。水滴石穿，用心不二，才会取得最后的成功。

古今中外的许多事实表明，在人生的起跑线上，选择什么目标，树立什么志向，确实关系着一个人的前途命运和他对社会贡献的大小。只有那些怀抱理想、志存高远、奋斗不息的人，才能完美地冲刺到人生的终点，捧回人生成功的金杯！没有生活目标和远大志向的人，只会变得慵懒，只会听天由命，永远不会去把握成功的契机，永远不会有所发明和创造。

立志是事业成功的重要一步。孙中山读私塾时，就立志要推翻丧权辱国的腐败清廷。青年毛泽东离家外出读书时，写下一首诗给父亲，表明远大志向：“孩儿立志出乡关，学不成名誓不还。埋骨何须桑梓地，人生无处不青山。”周恩来上小学时，就立志要“为中华之崛起而读书”。经过努力奋斗，不懈追求，他们都实现了自己儿时的志向，成了彪炳史册的伟人。

一个人追求的目标越高，他自身的潜能才能发挥得越充分，他的才能就发展得越快。人之伟大或渺小，都取决于志向和理想。伟大的毅力只为伟大的目标而产生。理想如果是笃诚而又持之以恒的话，必将极大地激发蕴藏在你体内的巨大潜能，促使你冲破一切困难和险阻，达到成功的目标。

坚忍不拔地为事业而奋斗，是成功人士特有的气质。自古以来，人们把这种精神称为“气”，没有“气”就不能成功。对奋发的人来说，希望是一只号角；对迷惘的人来说，希望是一声呼唤；对幸福的人来说，希望是一樽美酒；对痛苦的人来说，希望是一炉炭火；对勤奋的人来说，希望是一挂征帆。不管时代的潮流和社会的风尚怎样变化，人总可以凭着高贵的品质，超脱时代和社会，走在正确的道路上。现在，不少人为了房子、车子而奔波、追逐、竞争。但是，也有不少人不追求这些物质的东西，而追求理想和真理，从而得到内心的自由和安宁。

山溪的理想是海，臭水沟的理想是塘。追求是人生的一种力量，但追求什么，一定要慎重，一定要选择，一定要思索……星辰虽然能指示方向，但选择方向的还是自己。一个人一旦有了信念，就会把信念与目标结合起来，而连接信念与目标的便是富有创造性的实践。

一个农民的孩子，从小就跟着父亲下地种田。每次休息时，他就望着远方出神。父亲问他想什么，他说：“将来长大了不要种田，也不要上班，坐在家里，就有人往家里寄钱。”

父亲笑着说：“别做梦了。”

后来，他上了学，从课本上知道了金字塔。他就对父亲说：“我长大了，要去看金字塔。”

父亲又笑着说：“别做梦了。”

十几年后，这个孩子写文章出书，当了作家，每天坐在家里写作，出版社、报社就往他们家寄钱。有了钱，他就去看金字塔。站在金字塔下，他默默地说：“爸爸，人生没有什么不可能，就怕我们没有远大的志向。”

这个孩子就是后来在台湾最受欢迎的作家林清玄。

世界上的事情，不是因为难而不敢，而是因为不敢才变得很难。不管做什么事，一定要有目标。目标是成功的向导，只有树立远大的目标，一个人才会有意识地根据自己的目标不断努力，最终获得成功。

当我们拥有理想后，就有了值得奋斗的目标。某年哈佛大学的学生临毕业时，校方为他们做了一个有关人生目标的调查，结果只有3%的人有着清晰长远的目标。25年过去了，那3%的人不懈地朝着自己的理想坚忍努力，成了社会的精英。

让我们牢记这句话吧：“心有多大，舞台就有多大。”让我们在广阔的人生舞台上尽情奔跑，去追赶自己的梦想，实现自己的人生目标吧！

了解自己的性格

只有了解自己的性格，扔掉沉重的面具，才能活出快乐的自我；只有了解别人的性格，才能在人际关系中游刃有余。

很多人认同“性格决定命运”这样的观点。那么，性格是什么？它又是怎样形成的？它对人生究竟有哪些影响？按照现代心理学的观点，性格是一个人个性的重要组成部分。它一半由先天决定，取决于遗传；另一半则受后天环境的影响。性格带有价值观的成分，一旦形成，就具有相对的稳定性，并在很大程度上影响一个人的命运。性格是成就一切努力的基础。什么样的性格决定了什么样的行为，什么样的行为又决定了什么样的人生。性格若是坚毅顽强，行动则会百折不挠，人生便会无往不胜；性格若是善良温和，行动则会彬彬有礼，人生便会高尚尊贵；性格若是软弱怯懦，行动则会优柔寡断，人生便会苟且偷安；性格若是孤傲固执，行动则会刚愎自用，人生便很可能一败涂地。

哈佛大学请世界巨富巴菲特和盖茨演讲。学生问道：“你们怎样变得比上帝还富有?”巴菲特说：“这个问题非常简单，原因不在智商。为什么聪明人会做一些阻碍自己发挥全部工效的事情呢？原因在于习惯、性格和脾气。”盖茨对巴菲特的说法表示赞同。这并不是什么真知灼见，其实只是性格的问题，性格决定命运。

尼克松说：“对一个人来说，真正重要的不是他的背景、他的肤色、他的种族或他的宗教信仰，而是他的性格。”他的话简洁明了，且意味深长。

一次，投资银行一代宗师——摩根举办金融知识讲座。哈佛大学的一位学生问，决定他成功的条件是什么，他毫不犹豫地说是性格。学生又问摩根，资本和资金何者更为重要。他说，资本比资金重要，但最重要的是性格。

马斯洛也说：“你的心若改变，态度则会改变，态度改变则习惯改变，习惯改变则性格改变，性格改变则人生改变。”每个人都养成了各自的习惯，习惯从本质上反映了一个人的内涵和素质。而成功者恰恰就是在人生的历程中，不断反思自己，不断扬弃个人习惯中的一个个坏毛病，不断总结提高自身水平，所以才能一步一步走向成功。

从基础理论上，我们可以按照一定的标准，对性格进行分类。

按心理活动的机能划分，人的性格可分为三种。一是理智型。这类人善于冷静思考，倾向于用理智支配行为。二是情绪型。这类人情绪易波动，往往是以情绪左右行为。三是意志型。这类人目标明确，自觉地支配自己的行为，意志坚强，在工作中更能克服困难。

按心理活动的倾向划分，人的性格可分为两种。一是外倾型。这类人情感表露，善于交往，但比较粗心。二是内倾型。这类人深沉、孤僻、谨慎，不爱交际，但办事认真仔细。

按个性的独立性程度划分，人的性格可分为两种。一是顺从型。这类人独立性差，易受暗示和按别人的意志办事，在紧急和困难的情况下，容易惊慌失措。二是独立型。这类人善于独立思考，有主见，不受他人摆布，但易导向偏执。

以上这些属于基本理论。在实践中，常常把人的性格分成四大类，即冒险型、表达型、同情型、技术型。性格不同于气质，气质是先天的，而性格与气质有一定的关系，但它的形成更多地取决于后天的环境。每个人都不是极端的某一种类型，只不过是某一种类型的倾向比较明显。不同类型的性格在压力之下呈现的反应也有所不同。

第一，冒险型。这类人首创精神非常强，喜欢富有挑战性的工作和独立自主的工作，敢于负责。因此，有较强的控制欲，喜欢支配人。在斗争中不轻易转移目标或分散注意力，执着地追求自己的目标，甚至有些固执，有时也表现得比较专制。他们常常是人群中天然的组织者。但是，这类人待人比较冷淡和疏远，由于固执而不愿意接受别人的建议。工作中表现得风风火火，遇到压力显得着急、忙乱。字写得比较大，生活中坐立不安，动作迅速，不注意礼貌和倾听。

第二，表达型。这类人善于表达，充满活力，有独立见解，工作中喜欢找捷径，创造性比较强，提倡合作，有说服力。这类人容易受环境的影响，所以情绪波动比较大，不太注意细节，愿意做超过自己能力的或新颖的工作，在人群中常常以自我为中心，希望被别人接纳。通常这类人非常自信，着装非常漂亮，讲究仪表。然而，家里很乱，除非有人到家里做客才会收拾，并把所有来不及收拾的东西藏到不易被客人看到的地方。与人交谈时看着对方，表示同意，心里却在想别的事情。

第三，同情型。这类人待人非常忠诚与平和，考虑问题非常周到，工作特别有计划。特别喜欢关注别人，尽管不是自己的事情，但非常愿意帮忙，常常是万事不求人。待人接物比较被动，总是等着得到别人的赏识。但作为管理者，应该学会赏识别人。这类人心太软，对批评非常敏感，而且不愿意争要权力，容易被别人摆布。有时成为别人的尾巴，甚至傀儡，遇事优柔寡断。这类人一切都安排得很有条理，时间观念相当强，为人谦和，平易近人，与别人交流沟通时是最好的听众。

第四，技术型。由于职业的原因，这类人显得客观、冷静，重事实、重细节，逻辑推理能力特别强，常常做不出决定，一般不愿意冒险。整洁而有条理，字写得很小，待人非常友好，喜欢刨根问底，注意倾听，目的是想抓住对方的漏洞。

我的气质如何

一个人的真正魅力主要在于特有的气质，这种气质对同性和异性都有吸引力。这是一种内在的人格魅力。

气质是指人相对稳定的个性特征、风格及气度。性格开朗、潇洒大方的人，往往表现出一种聪慧的气质；性格温文尔雅的人，则显露出高洁的气质；性格爽直、风格豪放的人，气质多表现为粗犷；性格温和、风度秀丽端庄的人，气质则表现为恬静……无论聪慧、高洁，还是粗犷、恬静，都能产生一定的美感。相反，刁钻奸滑、孤傲冷僻或卑劣萎靡的气质，除了使人厌恶以外，绝无美感可言。

在现实生活中，有相当数量的人只注意穿着打扮，并不怎么注意自己的气质是否给人以美感。诚然，美丽的容貌、时髦的服饰、精心的打扮都能给人以美感。但是，这种外表的美总是肤浅而短暂的，如同天上的流云，转瞬即逝。如果你是有心人，则会发现，气质给人的美感是不受年纪、服饰和打扮局限的。

气质美首先表现在丰富的内心世界。理想则是内心丰富的一个重要方面，因为理想是人生的动力和目标。没有理想的追求，内心便会空虚贫乏，是谈不上气质美的。品德是气质美的另一重要方面。为人诚恳、心地善良是不可缺少的，文化水平也在一定的程度上影响着人的气质。此外，还要胸襟开阔，心态安然。

气质美看似无形，实为有形。它通过一个人对待生活的态度、个性特征、言行举止等表现出来。走路的步态，待人接物的风度，皆属气质。朋友初交，互相打量，立即产生好的印象。这种好感除了来自言谈外，就是来自作风举止了。热情而不轻浮，大方而不傲慢，就表露出一种高雅的气质；狂热浮躁或自命不凡，就是气质低劣的表现。

气质美还表现在性格上，这就涉及平时的修养。要忌怒忌狂，忍辱谦让，关怀体贴别人。忍让并非沉默，更不是逆来顺受，毫无主见。相反，开朗的性格往往透露出大气凛然的风度，更易表现出内心的情感。而富有感情的人，在气质上当然更添风采。一个有气质的人，给人一种文明、优雅、含蓄、幽默、宽容、礼让、大度、整洁、斯文、友善、修养、诚实、守信、勤劳等感觉，而所有这些都是要靠平时的积累、修正、改善来提升的。

高雅的兴趣是气质美的又一种表现。例如，爱好文学并有一定的表达能力，欣赏音乐且有较好的乐感，喜欢美术而有基本的色调感等。许多人并不是靓女俊男，但在他们的身上却洋溢着夺人的气质美：认真，执着，聪慧，敏锐。这是真正的气质美，是和谐统一的内在美。追求美而不误解美、亵渎美，这就要求我们每一个热爱美、追求美的人都要从生活中领悟美的真谛，把美的外貌和美的气质、美的德行与美的语言结合起来，展现出人格、气质、外表的一个完整的美好形象来。

当然，气质的养成不是三言两语能涵盖的，它要靠毅力来维持，靠细致去揣摩，靠美德去净化。气质还要靠能力来做后盾，没有能力的人很难成为一个有气质的人。很难想象，一个说话语无伦次、颠三倒四的人会有气质；也很难想象，一个知识狭窄、见识短浅的人会给人以气质美；也不能想象，一个不学无术、好吃懒做的人会有气质。气质是一个人综合能力的体现，不同的人的气质也会不同，但其实质是相同的。不同的人培养气质的着重点不同，因为每个人的缺点是不同的，取长补短当然也不同。

我是否具有积极的心态

积极向上的心态是成功者最基本的要素，是成功的起点，它能激发人的潜能。

人的一生是短暂的，但在短短的几十年中，无论是谁，都会遇到一些艰辛和坎坷，有时还要面对一些生活的压力。会生活的人懂得让自己轻松，因为他们会调整自己的心态，懂得不断地清理人生的背包，轻载生命之舟。所以，他们才会感觉生活是幸福的。

人生所追求的，大多和心态有一定的关系。爱情、自尊、自信、快乐、成功、金钱等，都和心态有关。心态可以说是发生在我们体内几百万条神经作用下的结果，也就是说，在任何时间内的感受，对跟自己有关的事物所做的反应，就叫作心态。心态可能是进取的、有为的，也可能是颓丧的、受抑制的，但很少有人想刻意地去控制它。在追求人生目标上，会有成功与失败两种结果，差别就在于自己处在什么样的心态上。

从前，我国有位音乐家，他的音乐造诣非常高，常常代表国家参加一些国际上的盛会。后来，他被关进监狱。出狱之后，他接到国际音乐大会的通知，邀请他出席世界性的音乐盛会，他去了。在公开场合弹钢琴的时候，居然吓坏了很多人，因为他的钢琴弹得比原来还要好听、还要精彩，弹得比他被关进监狱前的技巧还要高超。

于是，很多人问他："你被关了这么多年，为什么弹钢琴的技术不但没有退步，反而进步了许多呢？" 他说："在我住监狱的日子里，我的头脑里面有个想象的钢琴，我的思想每天都在弹它。"

成功人士的经验告诉我们，若想控制并引导我们的行为，就得先控制和引导自己的心态。然而，在现实生活中，有些人总是抱怨自己命运不好，看到别人生活中有顺利的时候就会不服气，对社会还会产生一种仇恨，对所有人都报以敌视的态度。他们不知道，这样只会使自己的命运变得越来越糟糕。一定要改变这种心态，以善意的态度对待身边的人，以阳光的心态对待这个世界，才能让生活充满阳光。

如何培养我们的积极心态呢？你不妨从以下几个方面做起：

第一，言行举止像你希望成为的人。积极的行动会引发积极的思维，而积极的思维会引发积极的人生心态。心态是紧跟行动的，如果一个人从一种消极的心态开始，让感觉把自己带向行动，那他永远成不了他想成为的那个人。

第二，要心怀积极的想法。当我们开始运用积极的心态并把自己看成成功者时，我们就已经走向成功了。但我们不能因为播下了几粒积极乐观的种子，就指望不劳而获。我们必须不断给这些种子浇水，给幼苗培土施肥，这样才会收获成功的人生。

第三，用美好的感觉、信心与目标去影响别人。随着你的行动与心态日渐积极，你就会慢慢获得一种美满人生的感觉，信心日增，人生的目标感也越来越强烈，而别人也会被你所吸引，进而被你所影响。

第四，每个人都有被注意的欲望，即感觉到自己的重要性以及别人对他的需要与感激。这是我们普通人的自我意识的核心。如果你能满足别人心中的这一欲望，他们就会对自己也对你抱一种积极态度。

第五，心存感激。如果你常流泪，你就看不见星光。对人生、对大自然中的一切美好的东西，我们要心存感激，人生就会显得美好许多。

第六，学会称赞别人。赞美具有一种不可思议的力量。在人与人的交往中，适当地赞美对方，会增强和谐、温暖和美好的情感。你存在的价值被肯定，你就会得到一种成就感。实事求是而不夸张的赞美，真诚而不虚伪的赞美，会使对方的行为更增加一种规范。同时，为了不辜负你的赞扬，他会在受到赞扬的这些方面全力以赴。

第七，学会微笑。微笑是上帝赐给人类的专利，微笑是一种令人愉悦的表情。面对一个微笑着的人，你会油然感到他的自信、友好。同时，这种自信和友好也会感染你，使你和对方亲切起来。微笑可以鼓励对方的信心，可以融化人与人之间的陌生和隔阂。

第八，寻找最佳的新观念。要找到好主意，靠的是态度而不是能力。一个思想开放且有创造性的人，哪里有好主意，就往哪里去。这些好主意能增加积极心态者的成功潜力。

第九，放弃鸡毛蒜皮的小事。有积极心态的人不把精力放在小事情上，因为小事使他们偏离主要目标和重要事项。如果一个人对一件无足轻重的小事情做出反应——小题大做的反应，那么偏离就产生了。

第十，培养一种奉献精神。一个积极心态者所能做的最大贡献就是给予别人。给予别人也是一种生活方式，我们永远都无法预测它所带来的积极结果。

第十一，消除不可能的消极思想。首先，你要认为你能。然后，去尝试。最后，你发现你确实能。所以，把“不可能”从你的字典里去掉，把你心中的消极的观念铲除掉。谈话中不提它，想法中排除它，态度中去掉它、抛弃它，不再为它提供理由，不再为它寻找借口，而是用“可能”代替它。

第十二，培养乐观精神。以乐观的精神与心态面对一切，一切就都开始乐观起来了。

第十三，经常使用自我提示语。积极心态的自我提示语不是固定的，只要能激励我们积极思考、积极行动的词语，都可以成为自我提示语。经常使用这种自我激发的行动语句，并融入自己的身心，就可以保持积极心态，抑制消极心态，形成强大的动力，进而达到成功发展的目的。

以上这些培养积极心态的方法，你可以都试一试。也许你日后的成功发展就得益于这其中的某个方法。如果一个人决心获得某种幸福，那么他就能得到这种幸福。这就是心态产生的力量——一颗积极跳动的心脏会给你带来无穷的力量。

你无法改变环境，但你可以改变心境；你不能左右天气，但可以改变心情；你不能控制他人，但你可以掌控自己；你不能预知明天，但可以利用今天。

我是否拥有最大的财富——健康

生命对于每一个人来说只有一次，没有一个好的身体，不可能有更加美好的未来。一个不懂得保持健康、珍惜生命的人，将注定一无所有。

享受人生，必须善待生命。人生与浩瀚的历史长河相比，可谓短暂的一瞬。权势是过眼云烟，金钱乃身外之物。珍惜生命，保重身体，宁要一生清贫，不贪图一时富贵，这才是做人之悟性。要知道，身体健康是人生最宝贵的财富。

一位野心勃勃的男子，看着他只有 1000 元的存折，心想：如果我能让存款再多两个零，该多好。接着，他努力地工作，没有多久，终于达到了他的目标。

男子看着他 100000 元的存折，又想：若能再多两个零、四个零，不就更棒了吗？于是，男子更努力地工作了，他希望能创造无数个零，让自己成为富翁。往后的日子里，他日以继夜、不眠不休地工作，经过长时间的努力，终于达成他的心愿，成为一位有钱的富翁。但就在这个时候，富翁却病倒了。此时，他这一生所创造的“0”也跟着倒下了！

这个故事里的“1”代表的就是我们的健康，这个“1”倒了，有再多的“0”都不具有任何意义。没有一个健康强壮的体魄，我们还能做什么呢？工作？学习？爱我们所爱的人？实现理想？……都没可能了。健康强壮的身体才是一切的资本。

由于日益加快的社会节奏、竞争激烈等诸多因素的影响，人们的心理负荷日益加重，由此造成的心理疾患也越来越多。

人人都有烦心事，不如意事十之八九。医学研究显示，长期的心理失衡会使人们的内心冲突加剧，导致心理疾病的发生。当人对不良情绪忍耐克制，甚至郁闷压抑时，就会伤神损元气，给健康带来重大危害。这是因为，人的内脏活动受自主神经系统控制与调节，而不随人的情感和意志转移。当你受到挫折创伤时，克制、压抑，表面上“风平浪静”，却不能避免内在的创伤。

郁闷越久，压抑越深，给身心带来的伤害就越重。

身体是革命的本钱，充沛的精力是成功的基础。精力以体力为基础，但又不完全是体力，因为这种力量也是精神上的一种力量。人要砍倒一棵树，需要消耗一定的体力。人要办成一件事，需要消耗一定的精力。成功的人有足够的精力去面对众多的人和事，而精力不足的人面对过多的事务就会感到烦心、倦怠。

传统养生的灵魂是平衡论，平衡乃宇宙正常运行的自然法则。天地生态平衡，万物正常生存；人的内脏平衡，身体才会健康。百病来自失衡，平衡可治百病。懂得平衡论，我们就懂得一个道理：真正的中医中药不治病，只调平衡。失衡，杂病丛生；平衡，百病自愈。懂得平衡论，我们就能明白中医调理人体平衡，恢复人体健康的过程其实就是一个养生的过程。

白领们应该客观地认识和评价自己的承受能力，把握机遇，发挥长处，并学会在快节奏中提高自己的心理承受能力，在各种事件中基本保持心理平衡。要科学安排工作、学习和生活，制订切实可行的工作计划或目标，但无论工作多么繁忙，每天都应留出一定的休息、“喘气”的时间，尽量让精神上绷紧的弦有松弛的机会。对待事业上的挫折不必耿耿于怀，亦不要为自己根本无法实现的“宏伟目标”白白地呕心沥血或累得筋疲力尽。

人的健康躯体也是一种形神的表现，正所谓要形神兼备。人的健康的精神状态来自自身的思想意志，一方面人总是要有精神的，另一方面精神也要靠肢体。人体的各种力量的养护，使人的思维、内脏各器官功能都保持兴旺状态，人才能显得精神无比。人的形养还在于自身体育锻炼。人之所以生病，很多原因是不加强锻炼造成的。所以，加强自我运动的锻炼可以防病治病，延缓衰老。

千万别透支睡眠。现代人的睡眠透支已成为目前最流行的都市病。在对工作和娱乐的热情日趋高涨的同时，人们睡眠的时间越来越少。伴随着社会的变革和人们生活方式的改变，睡眠不足也已成为我国当今最普遍的健康问题。自古以来，睡眠一直占据着人类生活 1/3 左右的时间，它和每个人的身体健康密切相关。世界卫生组织确定“睡得香”为健康的重要客观标志之一。人们经常有这样的体会，当感到情绪不佳或者身体不适时，美美地睡上一觉后，会觉得精神倍增，身体的不适也会有所减轻，甚至恢复如常。由此可见，质量好的睡眠确是一味有益身心健康的滋补品。

我是否养成良好的习惯

心田是一块神奇的土地，播种了思想便会有行为的收获，播种了行为便会有习惯的收获，播种了习惯便会有命运的收获。

毫无疑问，人就是一种习惯性的动物。无论我们是否愿意，习惯总是无孔不入，渗透到我们生活的方方面面。很少有人能够意识到，习惯的影响力竟有如此之大。有调查表明，人们日常活动的90%源自习惯和惯性。想想看，我们大多数的日常活动都只是习惯而已！我们几点钟起床，洗脸，刷牙，穿衣，读报，吃早餐，上班，等等，一天之内上演着几百种习惯。然而，习惯并不仅仅是日常惯例那么简单，它的影响十分深远。如果不加控制，习惯将影响我们生活的所有方面。古罗马著名诗人奥维德有一句名言："没有什么比习惯的力量更强大。"

小到啃指甲、挠头、握笔姿势以及双臂交叉等微不足道的事，大到一些关系到身体健康的事，比如，吃什么、吃多少、何时吃，运动项目是什么、锻炼时间长短、多久锻炼一次等，甚至我们与朋友如何交往、与家人和同事如何相处都是基于我们的习惯。再说得深一点，甚至连我们的性格都是习惯使然。

习惯，尽管从表面看来，它是一件小事，不引人注意，但有许多人败就败在不良的习惯上。例如，工作程序杂乱，做事没有主次，又不善于控制自我情绪，随意指责和批评别人。这些习惯往往会制约一个人做事的步骤和环节，真可谓：小问题也能成为大难题！

美国著名成功学大师拿破仑·希尔说："习惯能够成就一个人，也能够摧毁一个人。"这句话的含义非常深刻，它点透了陋习和良习对一个人的深远影响。有些人之所以总是不能摆脱失败的困境，总感到自己找不到工作头绪，不在于自己的能力有多少缺陷，而在于没有好习惯来引导自己的工作环节。相反，那些成大事者的习惯虽然不是一样的，但都有各自的特点，他们中的绝大多数人都善于纠正自己。因此，一个人要想提高自己的能力，时刻完善自己的习惯是一件非常重要的事。

好习惯是有标准可循的。第一，好习惯要符合科学规律。在生活中依照规律来安排自己的生活与学习，有助于形成好习惯。第二，好习惯要符合社会要求，具有公德意识和法律意识，是好习惯形成的保障。第三，形成好习惯要有良好的意志品质，坚强的毅力是养成好习惯的内在因素。

改掉坏习惯，养成好习惯，我们也会因此而变得更有效率。好习惯将影响你的一生，比如：永远信守承诺；开会和约会不迟到；从来不忘记回复电话；与同事、客户、家人的沟通更充分一些；总是明确告知他人自己将做什么以及日期安排；快速处理各种琐碎的事务；积极倾听；永远不要等到最后一刻才做计划；一经介绍，就永远记住对方的名字；与人交谈时，保持良好的眼神接触；保证每天的饮食健康；定期锻炼身体；少看电视，多读书；常与家人共进晚餐。

上面列出了一些好习惯，你不妨再把自己的不良习惯一一列出。然后，让好习惯取代你自己清单中的每一项“恶习”。

我能否控制自己的情绪

一个无法控制自己情绪的人，一定也无法控制自己的人生。人生没有过不去的坎，只有想不开的事。

在自然界，潮涨潮落、日出日落、月圆月缺、燕去燕来、花开花谢、春种秋收，这些现象或许都是自然界情绪的一种表现。人也是自然界物体的一个组成部分，所以，我们的情绪也会像潮水一样涨涨落落。

每天早上，我们从床上醒过来的时候，情绪就与昨天不同。这大概是自然的奥秘之一，没有人会了解它。昨天的欢乐，也许会成为今天的悲伤；而今天的悲伤，或许又会成为明天的欢喜。在我们的心里似乎有一个轮子，不断地从欢喜转到悲伤，从狂喜又转到沮丧，从快乐转到忧郁，就像花朵一样从怒放到枯萎。

但是，对于一个希望成功的人来说，不能任由情绪自然地表现，得学会控制自己的情绪。一个无法控制自己情绪的人，一定也无法控制自己的人生。你的情绪若不正常，会直接影响到你的心态，影响到你的工作效率，甚至影响到你周围的人。试想，一个老板一大早走进公司就阴沉着脸，下属看见了会做何感想？他会想，老板不是跟太太吵架了，就是公司的事情有些不妙了。而如果你只是一个下属，你恐怕更得学会控制你的情绪，因为没有一个老板希望自己的下属情绪反复无常，遇到事情不会控制自己。

要想控制自己的情绪，你不妨试试下列方法：

第一，如果你觉得沮丧，你就大声唱歌；如果你觉得自己悲伤，你就大笑。

第二，如果你觉得恐惧，你就大胆地冲向前去。

第三，如果你觉得自己不如别人，那你就去换件衣服。

第四，如果你觉得疑惑不定，你就提高你的声音。

第五，如果你觉得贫穷，你就想想你将来的财富。

第六，如果你觉得无法胜任某个工作，你就多想想你过去的成就。

第七，如果你觉得自己无足轻重，你就想想你的理想、目标。

如果你觉得这些还不足以使你控制自己的情绪，你不妨再试试以下方法控制你的心态，心态直接会影响到你的情绪：

第一，如果你过分自信，你就回忆一下你失败的时候。

第二，如果你过度放纵自己，你就想想从前你饥饿的时候。

第三，如果你觉得自满，你就想想竞争的时候。

第四，如果你扬扬得意，你就想想你羞耻的时候。

第五，如果你觉得对方势强力大，你就试试把风挡住。

第六，如果你发了大财，你就想想那些没东西吃的人们。

第七，如果你骄横自傲，你就想想你怯弱的时候。

第八，如果你觉得你智力世界第一，你就抬头看看星星。

你控制了你的情绪，你就控制了命运，就控制了你的人生。这时的你就是一个成功的人。

我是否找到了适合自己的事

没有什么事情是正确的，也没有什么事情是最好的，只有适合自己的才是最好的。

这个世界多姿多彩，每个人都有属于自己的位置，有自己的生活方式，有自己的幸福。安心享受自己的生活，享受自己的幸福，才是快乐之道。许多时候，人们往往对自己的幸福熟视无睹，而觉得别人的幸福却很耀眼。其实，何必去羡慕别人呢？别人的幸福也许对自己不适合。

“适合自己的才是最好的。”这是一条颠扑不破的真理。你不可能什么都得到，你也不可能什么都适合去做。所以，你还要学会放弃，放弃不切实际的想法，放弃愚蠢的行动。只有学会放弃、学会知足，才能更好地把握快乐、享受幸福。

台湾散文家林清玄在一篇文章里讲过一个故事，说的是一个老太太一生从来没有穿过合脚的鞋子，常穿着巨大的鞋子走来走去。有人问她为什么不买小号的鞋子穿，老太太却说：“我这种鞋，大号小号一个价，我为什么要弃大就小呢？”这个老太太的确是可笑又可悲，为了贪图大尺寸的鞋料，而让自己一生都穿不合脚的鞋子，实在是糊涂得很哪！

适合他人的，不一定适合自己；适合自己的，也不一定适合他人。不可勉强自己去做自己根本无法做到的事情。只要你尽了最大努力，你就会无怨无悔；只要你找准适合自己的位置，你就是成功者。

陶渊明最终选择了归隐，因为那腐败昏暗的官场不适合他。他的清高与那个混沌的官场格格不入，而归隐才是最适合他的。于是，就有了东篱下的悠悠酒香，而那晋时桃花也一直在灼灼其华。

霍金是继爱因斯坦之后最伟大的物理学家，而他本人却彻彻底底是个“废物”，只能坐在轮椅上，连最基本的生活都需要被人照顾。但是，他却创立了黑洞论。如果让他重新选择，他仍会选择物理研究，因为这才是适合他的事业。

我们不管是做什么事情都应该寻找适合自己的，绝不能人云亦云。也许这种事物适合别人，并且在别人那里表现得非常好，可在你这里就不行，就会起到反面的效力，就是说明这种事物适合别人而不适合你。

因此，擦亮你的双眼，寻找适合自己的，因为只有适合的才是最好的。

我能否战胜自己

在这世界上，我们会遇到很多的困难。一个人要战胜这些困难，首先要战胜自己，因为一个人最大的敌人往往就是自己。

有人说："战胜对手一千次，不如战胜自己一次。"其中讲的就是人的一生中最强的对手不是别人，而是自己。是啊！人生中大多的失败，难道不正是那一刻把持不住的骄傲、疏漏，一时控制不住的虚荣、贪婪造成的吗？因此，要成功，首先要战胜自己。当我们需要勇气的时候，先要战胜自己的软弱；需要洒脱的时候，先要战胜自己的执迷；需要勤奋的时候，先要战胜自己的懒惰；需要宽宏大量的时候，先要战胜自己的狭隘；需要廉洁的时候，先要战胜自己的贪欲；需要公正的时候，先要战胜自己的私心……

战胜自己就是战胜自己的缺点、弱点和不足之处。要提高自己的自信心，丰富自己的知识，拓宽自己的视野。战胜自己就是不停地努力，用各种学习方法把自己变成一个更好的、崭新的人。

每一个人都有战胜自己的方法，而且他们中的许多人最后都战胜了自己。不管条件多么不好，情况多么复杂，别人说多少难听的话，还是要相信自己的能力和才智，大踏步地向自己的目标走去，绝不回头。

西楚霸王项羽的身上有不少致命的弱点，如匹夫之勇、不会容才用人、刚愎自用、独断专行等。对这些致命弱点，他都不能自知、自纠，能不失败吗？但刘邦却不同，他不仅能知人，而且能知己，善于用长处来弥补自己的短处。正如他在总结自己战胜项羽的经验时所说的："运筹帷幄之中，决胜于千里之外，吾不如子房；镇国家，抚百姓，给馈饷，不绝粮道，吾不如萧何；连百万之军，战必胜，攻必取，吾不如韩信。此三者，皆人杰也，吾能用之，此吾所以取天下也。"这里说的三个"不如"正是他的自知。由于能够自知，他战胜了"自己"，又战胜了敌人，统一了天下。楚汉相争的历史和结局，是值得我们寻味的。

当一个人有一个梦想或目标时，就应该战胜自己、战胜困难，努力把这梦想变真，达到目标。战胜自己是一种积极的人生态度，为了生活的充实、事业的成功，我们要战胜自己的缺点、弱点、劣点。战胜自己是一种勇往直前、破釜沉舟的气概，千辛万苦定会换来一次脱胎换骨的成熟，带来意想不到的收获。战胜自己是一种人生的健康心态，是一种人生的大智大慧。战胜了自己，你就会对困难淡然处之，你就会超越自己，做自己心灵的真正主人。

我能认清自己的位置吗

每个人都该有自己的位置，每个人都该为自己找位置，每个人都该忠于自己的位置。不要老是好高骛远，不要总是嫌弃自己的岗位，不要总以为自己的位置没有价值。

我们经常看球赛，球员在场上的分工或者说位置是很明确的。要赢得一场比赛，没有前卫、中卫、后卫的配合是不可能的。在很大程度上，一场球踢得好不好，就看你对自己的位置把握得准不准。

生活中的我们也像在球场上一样，需要摆正自己的位置。在日常生活和工作中与人打交道时，尤其是与职位比自己高的人交往时，一定要记住，不要让你的光芒抢了对方的风头。这是做人应有的“心机”，要不然你会得罪自己的上司，堵了自己的后路。

就像韩信虽没有谋变之心，却因为自己的功劳远远大于刘邦，使刘邦感到自己的龙位受到了威胁，所以韩信之死，可以说是应了“鸟尽弓藏，兔死狗烹”这句话。

世俗的风横扫着大地，你我生于世界上，存于宇宙间，你不比别人多，也不比别人少。天底下，你活着，就要寻找自己的位置，认清你自己，活出真我风采。

有很多时候，我们朝着选准的方向前进，努力了，奋斗了，付出了，可始终没能到达理想的彼岸。我们可能会埋怨外部环境，埋怨人情世故，埋怨老天不公。可我们是否曾低下头看看，自己有没有认清脚下的位置呢？

人的一生好像爬山，无论身在何处，都要把自己放在山的最低处，看清自己，提高技能，才能到达光辉的顶点。

李照大学毕业后，应聘到一家大公司做主管。老板很赏识他，每月给他的薪水很多。对此，他的同学都很羡慕。李照也很感激老板的知遇之恩，便竭尽全力地为老板做事。他除了做好本职工作外，还努力帮老板搞业务联系，为公司赚了不少钱。老板也没有亏待他，给他的薪水加了又加。

渐渐地，李照发现公司副总是个文化水平不高的老头儿。李照看不起他，天天想着如何挤走他，以接替他的位置。李照向几位老同学说出了自己的想法。他的同学都说，这个副总位子一定是李照的。而他也认为这个位置非自己莫属，因为他的努力是大家有目共睹的。

于是，接下来的日子，李照一门心思用于如何对付那个副总，也就没有心思工作了。他对那个老头儿这也看不顺眼，那也看不顺眼，总想挑出他的什么毛病。在一次例会上，李照当场揭了那位副总的短，说他连电脑都不会使。这样一来，李照与副总的矛盾日益加剧。

许多人都以为，公司经理会让李照接替副总的工作。可是，结果却出乎大家的意料——李照因为处理不好人际关系而被辞退了！

原来，那位副总是公司的第二大股东！

李照只是一个打工的，而老板就是老板。在老板眼里，你所有的努力都是应该的。而一旦你认不清自己的位置，将精力一味地放在与工作无关的事情上，那后果自然会很糟糕。

看清自己，就是要提炼一种无形的智慧。看清自己，其实并不是自卑，也不是怯懦，它是清醒中的一种苦心经营。所谓把握自己、把握人生，其实关键在于对自己有一个客观的认识。有些人之所以成功，就是因为他知错即改，看到自己身上的缺点和不足，找准自己的位置，不断丰富自己、完善自我，朝着既定的目标前进，终使自己的人生得以升华。

人生在世，总会找到一个合适的位置，并且时刻要注意摆正自己的位置。正所谓："不在其位，不谋其政。"位置是用来干事的，是用来发挥作用的，摆正位置就要立志做事、精于做事，而不能只做官不做事。

我的情商如何

成功与否，不仅是靠一个人的智商，还需要有情商与之并驾齐驱，这样人的潜能才能淋漓尽致地发挥出来。

传统上，人们习惯按“智商”高低来论述人的聪明程度和事业成功的条件。但随着人类对自身能力认识的深入，无数事例和实验证明，人们越来越对智商的高低与成功的必然联系产生了质疑。相反，人们越来越肯定来自心灵深处的情绪力量是决定成功的主要因素。

中华民族五千年的历史文化，源远流长。在这历史的精髓中，“情”是中国人民最看中的，如爱情、亲情、友情等。几乎在所有的人际关系中总少不了“情”字，可见情在中国是何等重要。外国人讲究的是法、理、情，而我们中国人讲究的是情、理、法，情排在第一位。有专家学者通过研究总结得出结论：“20%的IQ（智商）+80%的EQ（情商）=100%的成功”。有不少教育界人士宣传：“EQ托起明天的太阳。”

所谓情商，即情感商数，即“EQ”，它是一个人感受、理解、控制、运用和表达自己及他人情感的能力。情商一般包括：（1）自我觉察能力；（2）情绪控制能力；（3）自我激励能力；（4）控制冲动的能力；（5）人际公关能力。研究表明，对一个成功者来说，使他成功的因素中，智商因素只占20%，出身、环境、机遇等占20%，情商占60%。有人认为，智商决定择业，情商决定升迁。

美国一家很有名的研究机构调查了188个公司，测试了每个公司的高级主管的智商和情商，并将每位主管的测试结果和该主管在工作上的表现联系在一起进行分析。结果发现，对领导者来说，情商的影响力是智商的9倍。智商略逊的人如果拥有更高的情商指数，也一样能成功。这是因为，情商意味着我们有足够的勇气面对可以克服的挑战、有足够的度量接受不可克服的挑战、有足够的智慧来分辨两者的不同。

情商不是靠背书、考试能学到的。在中国传统背考模式的影响下，情商的培养受到长期的忽视甚至忽略。现在的年轻人中有不少脑子灵、智商高的，但他们中的大多数情商都不高，掌控不了自己的情绪，易冲动，抗挫能力差，人际关系紧张。一个人如果不能把他的情商和智商好好地结合，那么他是很难成大事的。现代社会环境复杂，仅有高智商还不足以应对各方面的问题。

我的猜疑心是否很重

猜疑就像压在心里的石头。猜疑心理于人于己都会产生负面影响，我们应该努力克服它，还给自己和他人一种好心境。

社会是一张人际关系编结而成的巨网，任何人都不可能脱离这张网而独立存在。现代社会竞争越来越激烈，人际关系也越来越复杂。尤其是同事之间，既是同舟共济的战友，又是相互竞争的对手。一些人面对复杂的人际关系，常常无所适从、疑神疑鬼、心神不宁。

这就是猜疑心理，它似一条无形的绳索，捆绑了人们的思路。然而，疑心过重会使人为一些根本没有或不会发生的事担心、烦恼。猜疑会导致心理狭隘，使人不能更好地与周围人交流，其结果可能使自己无法结交到朋友，并陷入孤独寂寞中，这种状态对身心健康都有危害。

生活中，我们常会碰到一些猜疑心很重的人。他们总觉得别人在背后说自己坏话，或给自己使坏。有时，我们自己也喜欢猜疑，看到别人说笑，便以为他们在议论自己，心里就不痛快。喜欢猜疑的人特别注意留心外界和别人对自己的态度，对别人脱口而出的一句话很可能琢磨半天，努力发现其中的“潜台词”，这样便不能轻松自然地与人交往。久而久之，不仅自己心情不好，也影响到人际关系。

猜疑的人通常过于敏感。敏感并不一定是缺点，对事物敏感的人往往有灵气、有创造力。但如果过于敏感，特别是与人交往时过于敏感，就需要想办法加以控制。

猜疑是人性的弱点之一。一个人一旦掉进猜疑的陷阱，必定处处神经过敏、事事捕风捉影，对他人失去信任，对自己也同样心生疑窦。猜疑常常是从某一假想目标开始，最后又回到假想目标，就像一个圆圈一样，越画越粗，越画越圆。

多疑是人际交往中的一种不好的心理品质，可以说是友谊之树的蛀虫。正如英国哲学家培根说的：“多疑之心犹如蝙蝠，它总是在黄昏中起飞。这种心情能使你陷入迷惘，混淆敌友，从而破坏你的事业。”具有多疑心理的人，往往先在主观上设定他人对自己不满，然后在生活中寻找证据。带着以邻为壑的心理，必然会把无中生有的事实强加于人，甚至把别人的善意曲解为恶意。这是一种狭隘的、片面的、缺乏根据的一种盲目想象。

要治好“多疑病”，走出心理过敏的误区，不妨从以下几方面做一些努力：

第一，增强自信心。增强自信心意味着培养个人适应社会环境的各种能力，这对于医治多疑非常重要。

第二，要学会豁达，与人交往以诚相待。任何人不可能每次都如愿以偿地得到自己想要的东西。“尺有所短，寸有所长。”一个人在一两个方面具有特长就不错了，没必要事事争强好胜。人与人之间应该坦诚相处，对他人不要过分苛求，与之交换意见，坦率地、诚恳地把猜疑问题提出来，心平气和地谈一谈，只要你以诚相见，襟怀坦白，相信疑团是会解开的。只有对别人宽容，才能迎来别人对自己的宽容。

第三，学会自我暗示法，厌恶猜疑。当你猜疑别人看不起你，在背后说你坏话，对你撒谎的时候，你心里可以不断地反复地默念“我和他是好朋友”“他不会看不起我”“他不会说我坏话”“他不会对我撒谎”“我不该猜疑他”“猜疑人是有害的”“我讨厌猜疑”等。这样反复多次地默念，就能克服多疑的毛病。心理学家证明，从心理上厌恶它，在观念和行动上也就随心理的变化而放弃它。

第四，改变一下思维方式，克服偏见思想。对于周围的人或事，必须善于观察，保持客观冷静的态度进行分析。当然，要做到这一点会比较难。这时，可以请自己信得过的朋友或亲属帮助自己参谋分析，消除一切荒唐可笑的想法。另外，要保持一种积极乐观的心态，并且更多地给予自己正面的心理暗示。人在心情愉悦的时候，不会往坏处想，也可以避免多疑心理的产生。

我能否拿得起、放得下

在人的一生中，谁都会面临各种各样的选择，放弃一个机会，就是为了抓住另一个更好更难得的机会。

世界上有很多事，不是我们努力就能实现的，有的靠缘分，有的靠机遇，有的我们能以看山看水的心情来欣赏，不是自己的不强求，无法得到的就放弃。

在生活中，我们应该学会舍，而不要一味地取。人的情感更是这样，总是希望有所得，以为拥有的东西越多，自己就会越快乐。所以，人之常情就迫使我们沿着追寻获得的路走下去。可是，有一天，我们忽然惊觉：我们的忧郁、无聊、困惑、无奈等一切不快乐，都和我们的图谋有关。我们之所以不快乐，是因为我们渴望拥有的东西太多了，或者太执着了，不知不觉中，我们就会盲目地执着于某一件事。

冬天，果园里，一位老人站在梯子上咔嚓咔嚓地把果树上的一些枝条剪下来。

一个小孩拿起一根枝条，说："伯伯，它们长得好好的，为什么把它们剪掉？多可惜呀！"

老人说："傻孩子，剪掉一些，果树才能长得更好呢！"

生活的辩证法就是这样，放弃与获得结伴而行，相辅相成。放弃是一把剪刀，只有将生命之树的枯枝赘叶剪除后，才更显生机勃勃。

苦恼的最大来源往往是患得患失，可人们却总是参不透。你要有所取，必须有所舍。人生"取"固费力，"舍"亦很难，我们不能只取不舍。要有收获，必有付出，付出便是一种舍。虽然它有代价，但人们在付出时，仍是一种割舍。

放弃一段恋情是困难的，尤其是放弃一场刻骨铭心的恋情。但是，既然那段岁月已悠然遁去，既然那个背影已渐行渐远，又何必在一个地点苦苦地守望呢？不如冷静地后退一步，学会放弃，一切又会柳暗花明。假如你爱上了一个人，而她却不爱你，你的世界就微缩在对她的感情上了，她的一举手、一投足，衣裙细碎的声响，都足以吸引你的注意力，都能成为你快乐和痛苦的源泉。有时候，你明明知道那不是你的，却想去强求，或可能出于盲目自信，或过于相信精诚所至、金石为开，结果不断地努力，却不断地受挫，弄得自己苦不堪言。

懂得放弃才有快乐，失去了不能为之伤悲，也许正为下一次的得到做准备。放弃一个机会，就是为了抓住另一个更好更难得的机会。在人的一生中，谁都会面临各种各样的选择。一个人守在无风的心灵窗前，托腮凝思，总会回忆起昨日的取舍。童年的梦幻早已失去，年少的痴迷也只能依稀在梦里，青春的浪漫流逝在一天天远去的岁月里……没有人喜欢放弃，但必须学会放弃，因为懂得选择和放弃是生活必备的课程。

非洲土著人抓狒狒有一绝招：故意让躲在远处的狒狒看见，将其爱吃的食物放进一个口小里大的洞中。等人走远，狒狒就欢蹦乱跳地来了。它将爪子伸进洞里，紧紧抓住食物。但由于洞口很小，它的爪子握成拳后就无法从洞中抽出来了。这时，人只管不慌不忙地来收获猎物，根本不用担心它会跑掉，因为狒狒舍不得那些可口的食物，越是惊慌和急躁，就将食物攥得越紧，爪子就越无法从洞中抽出。

其实，狒狒只要稍一撒手就可以溜之大吉，可它偏偏因不愿放下到嘴的食物而丧失了自由。

该放弃时请放弃，不可执迷太深。留得青山在，不怕没柴烧。事实上，放弃可以减轻一些麻烦和折磨，去开始另一件更有意义的事。

失恋者只要肯对抛弃自己的恋人撒手，何至于把自己弄得失魂落魄、心灰意冷？失业者只要肯对头脑中僵化的择业观撒手，何至于整天萎靡不振、怨天尤人？赌徒只要肯对侥幸心理撒手，何至于血本无归、倾家荡产？瘾君子只要肯对海洛因撒手，何至于如行尸走肉、浑噩一生？贪赃枉法者只要肯对一个“钱”字撒手，又何至于入狱甚至搭上卿卿性命……

对无法得到的东西，忍痛放弃，那是一种豁达，但也是一种割舍。必须割舍而不肯割舍，则是沾滞与执迷，对自己有害无益。能在必须割舍时毅然割舍，乃是坚强与洒脱。在我们的一生中，不论什么时候，不论什么事情，都是有得有失的。当你得到了的时候，很多东西必定正在失去。但是，人不能因为失去而畏惧。因为得失是一对孪生兄弟，时刻与你同在。如果因为害怕失去而不做，也就没有得到了。甚至有很多东西得失之间是有比例的，你只有失去多少，才会有多少得到。

人有时候难以保全整个生命，在这种紧急时刻，就不要因小失大。确实，失去一根手指可以保全一条胳膊，失去一条胳膊可以保住上身。

学会放弃，也许会改变你的命运。在“舍”之后，使个人生命另有价值。正如在稻谷收成之后，能使园地并不荒废，另行种植其他作物。这作物即或不是有关国计民生，但小小的草花、瓜豆，在自娱之外，足以点缀人类精神上的荒芜，又何必一“舍”之后，就觉得生命再无价值了呢？

我能做自己的救世主吗

做自己的救世主，我们都有能力战胜困难，走向成功。

一个人生活中的每时每刻都充满了机会。学校里的每一堂课是一次机会，每一次考试是一次机会，每一篇发表在报纸上的报道是一次机会，每一次商业买卖是一次机会。每一次都是展示你的优雅与礼貌、果断与勇气的机会，更是表现你诚实品质的机会。优秀的人不会等待机会的到来，而是主动寻找并抓住机会，把握机会，征服机会，让机会成为服务于他的奴仆。机会常常会出现在你面前，你完全可以把握住机会，将它变为有利条件。而你需要做的事情只有一件：行动起来。软弱和犹豫不决的人总是找借口说没有机会，他们总是喊：机会！请给我机会！

在这个世界上生存，本身就意味着上帝赋予了你奋斗进取的特权。你要利用这个机会，充分施展自己的才华，去追求成功，那么这个机会所能给予你的东西要远远大于它本身。

一位修士不小心跌入水流湍急的河里。但他并不着急，因为他相信上帝一定会救他的。这时，正好有人从岸边经过。但他想，上帝会救他的，于是没喊。当河水把他冲到河中心时，他发现前面有一根浮木。但他想，上帝会救他的，于是照样在水中扑腾，一会儿浮一会儿沉。最后，他被淹死了。

修士死后，他的灵魂愤愤不平地质问上帝："我是一位如此虔诚的传教士，你为什么不救我呢?"上帝奇怪地问："我还奇怪呢，我给了你两次机会，为什么你都没有抓住?"

懒惰的人总是抱怨自己没有机会，抱怨自己没有时间；而勤劳的人永远在孜孜不倦地工作着、努力着。有头脑的人能够从琐碎的小事中寻找出机会，而粗心大意的人却轻易地让机会从眼前飞走了。

一个人遇到困境或挫折，都期盼救世主的出现，以解除自己的痛楚。人总是在遇到问题无法自解的时候，希望有贵人出现，有贵人相助，有贵人解救。其实，对于自己的问题，只有靠自己才能真正排解掉。诚然，有外力的助推，是比较省心省力的事情。但从长期来看，真的于事无补。谁能一生跟随你去排除你的苦痛呢？最终还是需要自己的努力和应对才会奏效。同时，从应对问题的方法也可以看出你是否有自信，你对待的问题的方式是否正确。经历一次苦痛增长一份历练，经历一次挫折积累一笔财富。

一位商人由于投资，不慎将自己多年打拼的财富损失殆尽。正逢妻子又下岗，他处于绝境之中。他对自己的失败、对自己的损失无法忘怀，好几次都想以自杀解除这种痛楚。一个偶然的机会，他看到了一本《怎样走出失败》的书，这本书给他带来了重振的希望和勇气。于是，他决定找到该书的作者，期盼在他的帮助下站起来。当他找到作者，讲完自己的遭遇后，那位作者却对他说："我已经以极大的兴趣听完了你的故事，我也很同情你的遭遇。但事实上，我无能为力，一点也帮不上你的忙。"他立刻脸色苍白，低垂下了头，喃喃自语："这下彻底完了，一点希望都没有了。"那本书的作者听后，思忖片刻说："虽然我无能为力，但我可以让你见一个人，他能够让你东山再起。"他立刻精神了许多，抓住作者的手，说："看在老天的份上，请你立即带我去见他。"作者站起来，把他带到试衣镜前，用手指着镜子说："这个人就是我要给你介绍的人。在这个世界上，只有这个人能使你东山再起。除非你坐下来彻底认识这个人，否则，你只有自暴自弃或者自我了断。"

他站在试衣镜前，看到镜子中满脸胡须，憔悴不堪，衣冠邋遢的自己。看着看着，他流出了心酸的眼泪。后来，他彻底地改变了应对方式，振作起来，从小到大，从弱到强，又重新站起来了。

世界上从来就没有什么救世主，也没有什么灵丹妙药，更不会有什么仙人的点化。只有靠你自己，靠你的信心、你的意志、你的努力、你的拼搏，才能成就事业、成就未来。

真正的救世主不是别人，恰恰就是你自己。

第二篇

摆平事，首先从琢磨人开始

一个人在社会上求生存谋发展，所要依靠的能力主要有两种：一是专业技术能力；二是做事能力。做事能力是一个人综合素质的集中体现，提高做事能力就能提高生存质量。但是，如果一个人只是一心做自己的事，不能摆平事，那么他的本事肯定不全面。从某种意义上讲，能够摆平事，处理好各类突发事件，更能体现一个人驾驭全局、处理复杂问题的能力。但在摆平事之前，一定要先琢磨透你要面对的人。

既要琢磨事，又要研究人

做人要会琢磨，既不要过分，也不要太怵；既要有做人的原则，又要懂得变通。

从某种角度看，人可以分为四类：第一类，只琢磨事不研究人，为的是做事；第二类，只研究人不琢磨事，把人际关系琢磨个透，为的是做官；第三类，只琢磨钱，人和事都不琢磨，为的是发财；第四类，既琢磨事又研究人，为的是成大事。

有人说，应该多琢磨事，少研究人。但经历过一些事情以后，你会发现，事要琢磨，人也要琢磨。你不琢磨别人，别人会琢磨你，这就违背了兵家的知彼知己百战不殆的教导了。所以，不能对事不对人，人是主体，事是客体，为了摆平事，就得研究人。

喜欢研究人的人，大概有以下三种方式：

第一，观察人。这类人善于察言观色，观察对方是否能为我所用，是否与自己志同道合，甚至观察对方的喜怒哀乐。对方高兴的时候，会和他谈笑风生拉拉近乎；对方苦恼的时候，会默默递上一杯茶；对方发怒的时候，会巧施计谋。

第二，分析人。主要分析对方喜欢什么。如果对方喜欢金钱，就要大肆发挥货币的流通功能；如果对方喜欢玩麻将，自己即便不会打麻将，也得拜师学艺；如果对方喜欢古玩，那就隔三岔五送给对方一个“小玩意儿”，与其共同鉴赏……其中，花样百出，令人眼花缭乱。

第三，“欺负”人。喜欢研究人的人，一旦“得道”，便会排除异己。哪个人是自己的绊脚石，哪个人是自己的同盟者，真可以说是立场坚定，爱憎分明。眼光之敏锐，令人叹服。研究人的人，一般做人不分原则，异己者，诛之，扫除自身障碍；平民者，欺之，也算树立权威；高官者，拜之，甘当他人走狗。

当然，有的人喜欢琢磨事。琢磨事的人，大多对生活充满了热情。在他们的大脑意识里，无时无刻不充满挑战，时时刻刻都有新的目标。这样的人，以个体创业的人居多。他们会为自己制定一些奋斗目标，然后，围绕既定目标谋划生活中的每一天。他们的目标，既是对未来的一种渴望，又是对人生的实践。既脚踏实地，又高瞻远瞩，比那些达官贵人们空洞的如海市蜃楼一样的远大理想要实用得多。他们心中想的是，该干什么事，怎么去干事，如何干成事。他们会想事，懂做事，能干事，善成事。他们胸怀大志，踏踏实实干事，光明磊落行事，实实在在成事。琢磨事的人，一心扑在工作上，往往无心也无暇防范人、研究人，往往被琢磨。研究人的人，由于存心研究人，常常出其不意，攻其不备。难怪古今中外多少人对天长叹："害人之心不可有，防人之心不可无。"

做事就得琢磨事。琢磨事的人，常常聚精会神，如痴如迷于事，披肝沥胆，虽九死而不悔。如司马迁之于《史记》，孙膑之于《兵法》，还有哥白尼之于《天体运行论》，达尔文之于《进化论》，等等。这些人受人尊重，受人拥护。而专门研究人的人，成天研究上司、同事、下属升官提拔内幕、为人处世绝招，收集构思整理花边新闻、桃色事件，并在一定机会和场合，将琢磨"成果"派上用场，或投机取巧，或坑人利己。个别研究人的"专家"，甚至口蜜腹剑，整人之手段可谓无所不用其极。如伯嚭之于伍子胥，秦桧之于岳飞，魏忠贤之于左光斗……这些人使人厌恶，使人愤恨。

计谋贵在高，策略贵在远。能看到别人不能看到的，琢磨别人所不能琢磨的，推算别人所不能推算的，这才是用心在算、用脑在谋。心计是一种谋略，更是一种很高的生存技能。一个人有无心计，关键在于他是否懂得琢磨之道，也决定着他生活质量的高低以及事业成就的大小。

在生活中需察言观色，做有心之人，洞悉他人的心理，掌握别人的所思所想，琢磨别人之所有所无，实施攻"心"术，为自己的成功打下基础。别人没想到的你想到了，别人想到的你要想得更细更远。人生如同下棋，庸才只能看到一两步，而善琢磨的棋手则能看出后五六步。善琢磨的人能处处留心，比别人看得更远、更准，这样做出的决策才可能天衣无缝，决胜千里之外。

做人灵活多变，以柔忍处世，藏锋不露，屈中有伸，进退有度，是琢磨的至高境界。屈是保全自己的手段，伸是进取的方式。能屈能伸是生存竞争中不可或缺的智慧和战术，只要琢磨出其中的技巧与分寸，便会无往而不胜。

通过体形看性格

体形是一个人的轮廓，同时也是一个人的门户和纲领。究其纲领，便可以识其内心。

所谓体形，是指人的身材体态和高矮胖瘦，它是人最明显的外部生理特征之一。体形与人的性格、心理相关的观点，在日常生活中是很流行的。如在中国的“相面术”中，就常常把人的性格、心理同人的外部相貌、体形特征联系起来。一项关于性格与体重之间关系的研究结果显示，性格外向的人易发胖，性格内向的人易消瘦。

透过不同体形，我们就可以看出一个人的心理特质：

第一，肥胖型。这类人的特征是活泼开朗，喜好社交，行动积极，善良而单纯，经常保持幽默或充满活力，也有稳重、祥和、温文的一面，经常突然地改变为喧哗或文静态度，属躁郁质类型。他们当中，有许多人是成功的政治家、实业家，他们的理解力和同时处理诸多事物的能力强，但考虑欠缺一贯性，常失言。过于轻率，自我评价过高，喜欢干涉对方言行，好管闲事。

第二，强健型。这类人的特征是黏液质类型人的特征，第一特征是肌肉发达，筋骨强健，体态匀称，肩幅宽阔，头部肥胖。他们言行循规蹈矩，一丝不苟，诚实正直，不少人是举重、摔跤选手或公司领导。他们抽屉内井然有序，写字字体经常是一笔一画的正楷。这类人常以秩序为重，讲求规律，每天生活充实，一旦着手某种工作，必坚持到最后完成。但是，他们说话绕大圈子，唠叨不停，写文章过于冗长，潇潇洒洒一大篇。这类人是足以信赖但又稍欠缺趣味性的坚硬型人物，容易被妻子提出离婚要求。这类人有顽固执着的一面，也有拘泥于形式思考的习惯。如果你想控制这类人，不妨偶尔利用闲谈或请客来试试他们。

第三，略瘦削的健壮型。这类人争强好胜，无论什么事都愿意接受挑战，常用“我认为”之类的口气说话。他们拥有坚定的信念，充满自信心，坚持不懈，百折不回，判断及裁决迅速果断，坚信“天生我材必有用”，工作中是值得信赖的好伙伴，商业交往中是好顾客。但是，这种强烈个性有时朝坏的方向发展，表现为硬干到底、专制、高压、不信任他人、态度粗暴。在工作岗位上，如果有人无法默默地顺从他们的意志时，他们就会立即与该人断绝往来。假如有人不幸和这类人结下怨仇，则由于这类人欠缺思考的柔韧性，一旦在脑海中存在某种思想，要想改变他的想法就很困难。这类人缺乏人格魅力，即使才能出众或拥有权力，即使有人顺从迎合他，但都会与他保持一定距离。此外，这类人在家庭中也易被孤立。在与这种人接触和交往时，不可以与他对立，因为这类人有攻击性。这类人被认为属于偏执质类型。

第四，苗条而有心事型。苗条是针对瘦弱型人的一个常用词，瘦弱型人中许多人都隐藏心事，给人无法接近、无从交往的感觉。瘦弱女性大多个性刚强，生起气来男人都招架不住。这类人的最大特色是冷静沉着，但其性格相当复杂，存在互相矛盾的地方，属于分裂质类型。他们对幻想中事物兴趣大，不让人了解自己的内心或私生活，以冷漠面纱包裹自己。这类人不愿与平常人相交为友，而表现出一种令他人意欲与他接近的贵族气质，身上常散发着一股浪漫情调。他们专心致志于鸡毛蒜皮的无聊小事，倔强而不肯通融，骄傲而外表冷漠，当无法下决心时，凭冲动裁决事物。他们天生对文学、美术、手工艺感兴趣，对流行服饰感觉敏锐。他们对他人的一些小事非常热心，表现出优雅的社交风度。他们内心细致，生活严谨慎重，又有点迟钝，意志薄弱，是很难交往的人。

第五，瘦弱细线条型。这类人强烈的敏感性使他对周围的变化非常敏锐，常会过于留意周围人的动静。这类人中绝无脑筋差的人，知识分子居多。这类人无论什么事都自己承担一切责任，当他们犯错时常会说："都是我不好……"这类人心理不稳定，容易失衡，心情焦虑，本人却能经常发现自己的这种缺点。文静真诚而又顺从的神经质性格，给他人的印象是没有自主性、迟钝、性情易变、不易交往。对于受这类朋友或上司所托的事，一定要认真实现，遵守约定，注意礼节。

第六，娃娃脸体型娇小的半成熟型。这类人怎么也看不出年纪大小，脸长得像个娃娃，体型娇小，即未成熟型的人。他们以自我为中心，个性很强，又称为显示型性格。如果话题不是以他们为中心，他们就会不愉快。他们完全不听他人的话，属任性类型。他们对每一门类都不精通，但拥有广泛的知识，谈吐风趣，擅长搞笑。他们属于天真而无心机的人，自己并不知道自己没有成人个性和思想，所以是个悲剧。如果自己被奉承，就感觉很好。如果自己被冷遇，就会嫉妒。要小心他们进入歇斯底里状态。如果这类人是女性，你只能担任她的听众。在商场上要注意这类人，她们轻薄任性，没有主见，受他人意见左右。如果对她过于信赖而受损失，就追悔莫及。

当然，以上几种关于体形窥探内心的途径虽有一定的科学性，但不是一试就灵的法宝。只有学会正确地使用它，在观察人物时才不至于陷入误区，害人而误己。

脸形是最直接的名片

人脸能够传递大量信息，人脸的形状确实能在某种程度上反映一个人的性格。识人先识脸，识脸先识形。

人人都有一张脸，可是，每个人的脸都不一样。人的脸之所以五花八门，不光是因为眼睛、鼻子、嘴巴等五官的大小、形状和位置不一样，还因为脸的形状，也就是脸形的不同。有的人，一眼就可以看出属于哪种脸形。有的人，包含了两三种脸形的特点，使人一下子难以分辨。林肯有一句名言："人到了四十岁，就必须对自己的脸负责。"因为在每个人的脸上，都深深地印刻着他的性格和人生。

第一，圆脸。这类人肌肉厚实而浑圆，性格温和，体形也多半圆圆胖胖。他们待人温和，与任何人都能融洽相处，亲和力强。但也有任性和个人主义的一面，金钱方面有些不太牢靠。他们有协调性，天生难以抗拒他人请求，不过有时候说出的话却也做不到。与之交往的要诀就是成为他们的好听众，这样会使他们非常开心。

第二，鸭蛋脸。特征是瘦长，下颌带着圆弧感，额头清晰而宽广圆润，这种脸形的女性多半是美女。顺应性强，若是女性，即使自己有工作也能兼顾家庭，而且富有理性。在混乱的事态之中也绝不慌乱，能做出正确判断。情绪起伏比较少，能赢得旁人信赖。但是，神经过于细腻，可能由于小事而变得消沉。这类人公私分明，与之交往不能有贸然的行为。就算感情好，也不能过分纠缠或者擅自行动，不顾对方感受，否则只能引来反感。这类人自尊心强，有些缺乏耐力。

第三，四角形脸。脸形方正，下面呈四角形，脸颊骨发达，口大而嘴唇薄，这种脸形多半出现在运动员身上。他们遇事积极，意志坚强，遇到困难也不气馁。他们正义感强烈，不喜欢迁就，缺乏通融性，对于决定的事情一定坚持到底，容易与人有冲突。不过，他们很讲义气，有人求他办事，总会鼎力相助。

第四，细长形脸。这类人脸形长，下巴呈四角形，口鼻显得比较小。他们对细微的琐事能考虑得很周到，具有从事研究的热忱，擅长交际，适合必须具有特殊技术或才能的职业。乍看之下，他们通情达理，但其实很难表达自己的心意，这多少会对与人交流造成麻烦。细长脸形的男人多半对于性爱的追求超过一般人，并且技巧十足，也许是天生的花花公子。细长形的女性在性方面比较生涩，但在内心可能追求一种特殊的性关系。

第五，倒三角形脸。额头宽，脸形往下巴方向变窄，形成倒三角形的脸。整体来说，脸部很小，身体多半也细瘦娇小。这类人多半一丝不苟，具有洁癖。如果不能遂自己的心意，会感觉很焦躁。同时，他们也具有优柔寡断的一面，但会专注于某一件特定的事而表现出令周围人惊讶的机智。他们很可能从事自然科学等技术方面的职业，不过，如果过于自信，妄自行动的话，很可能导致失败。虽然缺乏行动力，却具有细腻而浪漫的一面，多数都带有难以接近的气质，因而使人感觉难以相处。要接近这类人，必须以浪漫而富有幻想色彩的话题作为交际的润滑剂。这类人不论男女对性都比较淡漠，不积极。

第六，混合形脸。这种脸形特征是脸孔整体有棱有角或变形，额头小颧骨宽大。这类人顽固而不服输，神经质，爱虚荣，看起来似乎没有任何优点。但在各方面都表现积极，使人难以判断其本业到底是什么，做所有的事情都能展现出非凡的能力。适合当政治家或影视明星，或者是秘书。这类人遇到志趣相投的人会与之融洽相处，但只要有一点不满意便会全盘否定对方。这一类型的男性很可能具有病态的性爱倾向，而女性则会认为性是不洁的东西而心生憎恶。这种女性一旦被男性背叛或者对其产生不信任感，很可能走向同性恋。

走路姿势透露性格密码

人的肢体表现，往往泄漏了许多的秘密。从每个人走路的姿态，可以看出他们的职业特点和性格特征。

美国心理学家达曼经过多年的观察发现，人的走路姿势大致可分为 6 种类型，每一种类型的人都具有特定的性格特点。

第一，步履平稳型。这类人是现实主义者，精明而稳健，不轻信人言，重信义，守诺言，是可依赖的人。

第二，步履急促型。不论有无急事，这类人总是来去匆匆，明快而有节奏。他们的性格特点是遇事不推卸责任，精力充沛，喜欢迎接各种挑战。

第三，上身微倾型。这些人大多个性平和内向，谦虚谨慎。他们与人相处时，表面沉默寡言，但极重情谊。

第四，昂首阔步型。这种人往往以自我为中心，对人有点淡漠，但思路敏捷，做事有条不紊，富有组织能力。

第五，款款摇曳型。此类多为女性，坦诚热情，心地善良，在社交场合永远是中心人物，极受欢迎。

第六，步履整齐、双手规则摆动型。这类人性格刚毅，意志坚强，具有较强的组织能力，但偏于独断专行。

人的心情、个性稍有不同时，走起路来也就各有不同的风采。所以，想要清楚地了解一个人时，可先从他的肢体语言看。而最容易观察的，就是走路的姿势。

船员们走路时，为适应颠簸的船上生活，脚会呈外八字形；山区的人们即使进城走在平坦的街道上，仍会将脚抬得很高；而练过武功的人，走路带风；舞蹈演员，走起来身轻如燕。

双足向内或向外勾之八字形状的人，走起路时用力而急躁，但上半身不会左右摇摆，这种人的性格有守旧和虚伪的倾向，不喜交际。但他们有着聪明的头脑，做起事来，总是不动声色。

步伐随时变更之摇荡型，没有什么固定的规律，有时双手摆在裤袋里，双肩紧缩，有时又双手伸开，挺起胸膛。这类人的性格达观、大方、不拘小节，慷慨有义气，有建立事业的雄心，期望远大，但有时稍嫌夸大、争执、不肯让人。双足落地有声、挺胸、举步快捷之踏地型，这类人胸怀大志、富于进取心、理智与感情并重。双足双手放平，走起路来异常斯文之直线型，这类人性格胆小、保守，缺乏远大理想，但遇事冷静、不易发怒。

一般来说，走路时挺胸凸肚、高视阔步，或双手反背者，说明他内心有着较强的优越感和傲慢感。走路快而双臂摆动自然的人，往往有坚定的目标、积极的追求。习惯将双手插在口袋中，即使天气暖和也不例外的人，往往有自以为是的毛病，喜欢对他人或事物评头论足。一个心情沮丧的人，走路时常下意识地将两手插在口袋里，拖着脚步，很少抬头注意自己往何处走。如果一个人心事重重，走路时的步伐会变得缓慢，而且可能停下来漫不经心地去踢地上的碎砖杂物。

通过眼神了解人

眼睛是心灵的窗户。要了解一个人，首先就要观察他的眼睛，因为眼睛是最不会说谎的器官。

爱默生说："人的眼睛和舌头所说的话一样多，不需要字典，却能从眼睛的语言中了解整个世界。"所以，通过观察一个人丰富的眼睛语言，在某种程度上也可以对他有一个大致的了解和认识。

人们在日常生活和工作中，如果不注意别人的眼睛，就无法了解对方内心世界的微妙变化。在一般情况下，人们很难彻底隐瞒心事。即使有人摆出一副毫无表情的脸孔，但刻意的做作并不能长久维持。老年人常说："听别人讲话，或对别人讲话，要注意对方的眼睛。"这里所说的注意眼睛，不是凝视，而是观察对方视线的活动。通过视线的活动，了解和认识他人，实在是人与人之间圆满交往和心灵沟通的要诀。

当一个人对另一个人产生了好感，在他还没有用语言表达的时候，多会用一种带有愉悦、欣慰、欣赏等感情交织在一起的眼神不住地打量对方。

当一个人看另一个人，眼光从上到下或从下到上不停地打量对方时，他表现出的是对对方轻蔑的审视。这也说明这个人有自我优越感，有些清高自傲，喜欢支配差遣人。

当一个人表示对另一个人的拒绝时，他会用一种不情愿，甚至是愤怒的眼神，轻蔑地进行嘲讽。

在谈话中，一方的眼神由灰暗或比较平常的状态突然变得明亮起来，表示所谈的话题切合他的心意，引起他极大的兴趣。这是使谈话顺利进行的最好条件和时机。

在谈话的时候，对方眼光如果不断地转移到别处，说明他对所谈的话题并不感兴趣。另一方意识到这种情况以后，应该想办法改善这种局面。

在两个人的谈话中，一个人在说话时，既不抬头，也不看另外一个人，只顾说自己的，如果没有其他原因，如果不是表示说话人不够自信，则在很大程度上是表示对另一个人的轻视。

当一个人用两只眼睛长时间地盯着另一个人时，绝大多数情况都是期待对方给予自己一个想要的答复。

当一个人用非常友好而且坦诚的眼神看另一个人，甚至还会眨眨眼睛，说明他对这个人的印象比较好，他很喜欢这个人。即使对方犯了一些小错误，他也可以给予宽容和谅解。

当一个人用非常锐利的目光、冷峻的表情审视一个人的时候，有一种警告的意思。

透过细节看人心

要想看清一个人实际上是一件非常困难的事情，想短时间看清一个人更是不容易。这需要你认真观察、仔细品味。

思想指导人的行动，一个人心里想什么，必然体现在他的行动上。只要我们在日常生活中注意观察他人的细节，就能够看破他的人心。

细节往往决定一个人的处事态度、道德修养，如他对工作的态度是否认真，包括对废弃物的处理，对同事是否真诚，包括与周围同事的关系是否融洽、生活中的小事他是否时时想着自己，包括上车是否给别人让座、他与邻居或家人的关系是否和谐等。你可以从这些日常的小事情中了解他的品行，从而逐步地看清他。

俗话说："细微之处见端倪。"说的就是很多事情都可以从生活细节中看出个究竟，找出个所以然。生活细节往往在一定程度上反映出一个人的心。

1642 年，也就是明崇祯十五年，清崇德七年，四月的时候，明清之间爆发了决定辽东大局的松山会战。最后，清军获得胜利，明军主帅洪承畴战败被俘。皇太极极力劝其投降，但洪承畴誓死不降，骂不绝口，一心只求速死。皇太极无可奈何，只得烦劳范文程前去劝降。

范文程是清朝的开国元勋，著名的谋略家，宋朝名臣范仲淹的后代。他原来是明朝的落地秀才，满腹经纶，有智谋，有远见。努尔哈赤兴起后，范文程在抚顺谒见他，他的才华得到努尔哈赤的欣赏，因此得到重用。

范文程去看望洪承畴，起先并没有提及劝降之事，只是说古道今地随便闲谈，从中察言观色。谈话中，梁上积尘落在洪承畴的衣襟上。洪承畴这个一心只求速死之人，却轻轻将落尘拂去。就是这个不经意的动作，并没有逃过范文程明察秋毫的目光。他也由此做出判定：洪承畴一定可以劝降。于是，他回去后，很有把握地对皇太极说："依我看，洪承畴是不会死的。他连自己的衣服都那么爱惜，更何况是自己的性命呢！"

皇太极闻听此言，很是高兴：只要洪承畴一松动，那对我统一中原是十分有利的。事情果然在范文程的意料之中，一向自视为明朝最后一位忠臣的洪承畴，面对孝庄皇后的美人计和耐心、巧妙的劝降，最终还是俯首就范了。

范文程抓住洪承畴拂落衣服上的尘土这一细节，进而推测其心理活动，达到了神奇绝妙的地步。

其实，从生活细节上观察人、识别人、看人心带有很大的经验性，是有一定规律可以遵循的。所以，一些有心人在实践中总结出用生活细节去识别人心的四条规律：

一是从小动作、小习惯上看人心。一个人的性格特点及一个人的本性往往会通过自身的一些小习惯、小动作等流露出来。例如，总喜欢掰手指的人，一般工于心计，总在动脑筋；坐下就跷起二郎腿的人，一般都自命不凡，高人一等；走路总是驼背低头的人，一般都心事较重。

二是从言谈举止上看人心。那些直率热情、活泼好动、反应迅速、喜欢交往的人，往往是性格开朗的人；那些快言快语、举止简捷、眼神锋利、情绪容易冲动的人，往往是性格急躁的人；那些懂礼貌、讲信义、实事求是、心平气和的人，往往是谦虚谨慎的人；那些表情细腻、眼神稳定、注意举止的人，往往是性格稳重的人。

三是从言辞上看人心。说话的时候，总是喜欢加上“我想”“我认为”“依我看”“我感到”等字眼的人，一般都是自以为是、刚愎自用的人；说话的时候，总喜欢加上“好不好”“行不行”“可以吗”等字眼的人，一般都是自信心不强、拿不了大主意的人；说话的时候，总是含含糊糊、模棱两可的人，一般都是老奸巨滑、老于世故的人。

四是从表情上看人心。经常喜欢皱眉的人，一般都是心思较重、心事较多、想这想那的人；经常喜欢用眼角看人的人，一般都是心胸狭隘、心怀叵测，内心深处充满恐惧感的人；经常喜欢用手挠头的人，一般都是心绪不宁、心情烦躁的人。

总之，只要我们平时注意锻炼自己观察细节的能力，就一定能发现每一个人在生活中的特征，从而进一步掌握他人内心世界的秘密。

谈话方式反映对方特点

根据谈话方式洞察对方的深层心理，以了解对方的个性特征，是了解人的重要途径。

《文王官人篇》认为，天地最初的元气产生万物，万物产生后自然有各种声音。而声音，有的刚烈、有的柔和，有的清脆、有的混浊，有的美好、有的丑恶，而刚柔、清浊、美恶都产生于声音本身。心性华丽夸诞的人，发出的声音就流宕发散；心性柔顺贞信的人，发出的声音就柔顺而有节制；心性卑鄙乖戾的人，发出的声音就嘶哑而丑恶；心性宽缓柔顺的人，发出的声音温和而又美好。贞信之气中正简易，仁义之气舒缓和悦，智能之气简练悉备，勇武之气雄壮直率。因此，要聆听其发出的声音，据此分辨其修养和性格。

石勒是古代羯族的民族英雄。在十四岁的时候，他跟随同乡经商到洛阳，曾经依着上东门长啸。王衍恰好从此处经过，当时从他的啸声中感到这个孩子非同一般。他对手下人说："刚才那个胡雏，我听到他的啸声，观其相貌，是个心怀异志的人，将来恐怕会成为天下的祸患。"他当即派人去追，可石勒已经逃得无影无踪。

现代心理学家则认为，不同的声音会给人不同的心理感受。为此，我们不妨看看以下四种类型：

第一种类型，声音低而粗犷。具有这种声音的人，较为现实，也较有作为，也可以说是比较成熟且潇洒，一般适应力也较强。

第二种类型，讲话的速度快。这类人朝气蓬勃，性格外向。

第三种类型，声音洪亮。这类人具有艺术家的气质，精力充沛，荣誉感强。

第四种类型，讲话外带语尾音。这类人有点女性化，不过，他们精神高昂。

一个人的谈话方式在很大程度上体现了这个人的本性，一个高明的人能够根据谈话的方式来识破不同人的不同心理。

行为举止中隐藏的心理密码

行为举止传递的信息丰富而真实。因此，在日常生活中，我们的一颦一笑、一举一动都反映了内心世界。因此，平时多加注意就显得很有必要。

众所周知，“风格塑造人”。一个人的行为举止反映出一个人的内在品格。也就是说，一个人外在的行为举止是其内在本性的表现。它反映出一个人的兴趣、爱好和情感世界等，这些经过长时期自我修养、自我教育而养成的个人的行为方式，乃是一个人本身性格、气质和禀性的综合反映。例如，通达就看他的礼节，尊贵就看他上进的程度，富裕就看他的修养。高兴时检验他的操守，快乐时检验他的懈怠，发怒时检验他的气节，害怕时检验他的耐力，受苦时检验他的毅力。这是识人的根本。

某公司的领导对前来应试的业务员，经常会采取各种不同的方法来考验其内在品质。有一次，他让两个应试的业务员和他一起挤公共汽车。他发给每人一元钱做车费，而车票的价格是九毛钱。两位应试的业务员都是朝气蓬勃、风流倜傥的年轻人。其中一位用一元钱买了车票之后，对应找的一角钱不屑一顾，说声“不用找了”。而另一位则恰恰相反，坚持要找回那剩余的一角钱。虽然有不少人用鄙视的目光看着他的举动，而他依然如故。那位公司领导看在眼里，喜在心里。他用力地拍了一下后一位年轻人的肩膀，说：“恭喜你，年轻人，你被录用了。”

在那位领导看来，能够为应找的一角钱据理力争的人，日后肯定会为公司的利益不惜付出一切代价。从这件微不足道的小事情中，这位领导看透了两位应试者不同的内心活动状态。

行为举止是人心灵的暗示。在日常生活中，人们的行为举止各具特色。我们可以借此窥探出一个人的真实想法，了解一个人心理上的动向，把握他人的心理活动。

一个襟怀坦白或与人为善的人，常常会在别人面前解开外衣的纽扣，甚至脱掉外衣。在商业谈判时，当对方开始脱掉外套放在椅背、扶手上，就可以推知他有谈下去的诚意，有达成协议的希望。相反，当对方觉得问题很棘手，或双方话不投机，尽管气温升高，他也不会脱掉外套。

在教师上课或领导讲话时，如听众身体前倾，头微微倾斜，并用一只手撑着，说明他正全神贯注听着。如大多数听众的头没有倾斜，脊背挺直，脸上没精打采的样子，时而看看天花板，时而望望窗外，时而瞧瞧手表，甚至还在收拾东西，如插上钢笔、合上笔记本等，说明他已厌烦，极想马上解散。

抓抚下巴，是人们在决策前夕常有的思考姿态。达尔文在提到这种思考姿态时说，在全世界都会见到，人们在思索时“有时候会抓抓胡须……而两手，通常是大拇指和食指，会抚摸到脸部，最普通的是用手指触摸上嘴唇”。

人的心理是很微妙的。当人们发现自身问题时，往往会极力掩饰它，想藏起来。可越是这样，就越能露出一些马脚。因此，我们要学会“察言”“观色”“观行”“观动”“观举止”等。

当林肯到了找女朋友的年龄，母亲给他讲了一个通过吃饭来认识一个女孩子的人生经验：“如果一个女孩子跟你去吃西餐，点了‘全餐’，开始上来的是开胃菜、面包、汤、沙拉，她全吃光了，等到后面的主菜和甜点已经吃不下去，你可别怪她。她绝对不是浪费，只是不会点西餐，甚至有可能没吃过全餐。但你要是哪天遇到一位小姐点了全餐，而且从头到尾，每道菜只碰一点点，可就得小心了。那是真浪费，只怕你将来养不起！”

一个人的行为举止、风度仪表是展现一个人外在魅力的主要方式之一。优雅文明的行为举止总让人兴奋快乐，使人心悦诚服。正如一个人的内在品性一样，一个人的行为举止也是促使人成功的真正动力。

小动作反映对方的心理

一个人的所思所想和性格特征往往是从他的习惯动作体现出来的。

心理学家莱恩说过："人们日常做出的各种习惯行为实际反映了客观情况与他们的性格之间的一种特殊的对应变化关系。"这大概能为我们从日常小动作反映对方的心理提供必要的理论依据。

的确，即使我们不说一句话，别人只要稍稍留意一下我们的小动作，即肢体语言，也可以知道我们正在想什么，或者我们现在的感觉如何。

第一，手插裤兜里。双脚自然站立，双手插在裤兜里，时而取出来，时而又插进去。这类人的性格一般谨小慎微，凡事三思而后行。在工作中，他们最缺乏灵活性，往往用笨办法来解决很多问题。他们对突然发生的事情，如打击、失败等，心理承受能力差。

第二，双手后背者。两脚并拢或自然站立，双手背在背后。这种人大多在感情上比较急躁，但他与人交往时，关系处得比较融洽，其中可能较大的原因是他们很少对别人说"不"。当过兵的人对双手后背这种习惯动作是再熟悉不过的了。尽管部队规定在正式场合不许袖手和背手，但还是可以看到在非正式场合一群新兵聊天时，突然老兵班长来了，他往往就是背握着手，昂起下巴，在新兵中走来走去。把老班长这种动作换成语言来表示，就等于他在说："我是老兵，我是班长，你们得听我的。"同时，这也是相当自信的姿势。

第三，触摸头发者。如果与你面对面坐着或站着，他们总是时不时地触摸头发，给人的感觉是在引起你对他们发型的兴趣。其实不然，因为这类人，即使是一个人在家看电视，也会时隔三五分钟就"检查"一下头发上是不是沾上了什么不好的东西。这类人大多个性突出、性格鲜明、爱憎分明，尤其疾恶如仇。倘若公共汽车上有小偷，而乘客中又以这种人居多的话，那个小偷肯定会被当场打个半死。在一般情况下，他们喜欢做一些冒险的事情，喜欢挤眉弄眼，爱拿人当调侃对象。这些人当中，有的缺乏内涵修养，但特别会处理人际关系，处事大方并善于捕捉机会。

第四，吐烟圈者。这类人有两个明显的特点。一是与别人谈话时，总是目不转睛地看着对方，支配欲望强，不喜欢受约束，为人比较慷慨，哥们儿义气重。因此，他们周围总是包围着一群相干和不相干的人。吐烟圈还能看出此人对某个状况是积极的态度还是消极的态度，那就是看他把烟圈是朝上吐还是朝下吐。一个积极、自信的人多半会把烟圈向上吐，一个消极、多疑的人多半会把烟圈向下吐。若是向下吐，而且是由嘴角吐烟时，表示此人非常消极。二是这类人做事优柔寡断。昨天约好今天要去某个地方游玩，或者到某家做客，抑或是一起去完成什么别的事，当你叫他时，他往往会说："稍等，让我考虑一下。"实际上，什么事都没有。由此，我们可以得出这样的结论：这类人生来就不是做官的料。但这类人接受能力强，反应敏捷。

第五，走角落者。十之八九，这类人属于自卑型。他们参加各种聚会时，总会找一个最僻静的角落坐下。不过，要排除那种昨天通宵达旦，今天想找一个不容易被人发现的角落打瞌睡的人。喜欢走角落的人，性格大多有怪异的一面。如果说他无能，他绝对会做一件事给你看看；如果说他行，他却非常谦虚；大家都说某件事情不能做，他偏要去试试。这类人最不习惯的是拜访年轻、漂亮的女士的家。这是因为，他要站在门前许久，给自己鼓足勇气，才敢去敲门。通常来说，这类人非常聪明，但口头表达能力不强。不过，写作能力也就是书面表达能力却是相当不错的，写情书更是行家。但令人遗憾的是，他们大多会把写的情书压在枕头下面。

从个人嗜好看心理

一个人对于一种嗜好的选择，可以反映他的个性心理。

所谓嗜好，就是特别爱好。嗜好是人类休闲活动之一，唯有工作、家庭和休闲活动三者取得协调，人类才能过着正常的生活。而其中，只有嗜好不必像工作和家庭一般，受到人际关系的羁绊，有自由的选择。此外，嗜好也不受社会规范的约束，而能自由活动。因此，从嗜好中也能窥探出一个人的真正面目。

第一，喜欢钓鱼的人。他们做事的时候，对过程的重视程度往往要高于结果。他们在做的过程中，能够体会到很多快乐，能够肯定自我价值。但是，对于结果的成败，他们就显得有些无所谓。他们信奉的人生信条，就是努力做了就问心无愧。在平日里，他们显得比较傲慢，看上去不在状态。可一旦有事情发生，他们却能在最短的时间里，用最快的速度调整自己，积极地投入其中，他们大多具有很强的耐性。

第二，喜欢做高危活动的人。在通常情况下，这类人的第一要求就是要身体好。只有如此，他们才能去做一些如滑翔、登山、跳伞等具有一定危险的活动。这类人从外表上看很健壮，但心思却非常缜密。他们做什么事情总是非常小心，一件事情要前前后后反复斟酌，尽量把可能出现的问题考虑清楚，然后再行动。因此，他们对“三思而后行”的理解比其他人更为透彻。他们具有坚强而固执的性格，一旦决定要做某件事，就不会轻易放弃。在这期间，无论遇到多大的艰难险阻，他们也都能挺住，并勇于向未知的领域探索，敢于迎接挑战。

第三，喜欢收藏的人。这类人希望通过对某一类物品的收藏、鉴赏、玩味等方式，来追求生活的高层次享受，不但要求生活稳定、家庭和睦、事业成功，而且要有丰富充实的休闲文化生活，以便在紧张的学习、工作之余，潜移默化地增长知识、开阔视野，从而得到美的享受。

第四，喜欢表演的人。他们的性格中具有相当细腻的情感，渴望尝试不同的角色，体验不同的生活。除此之外，他们的想象力还特别丰富。这样一来，他们就具备了把不同的角色揣摩到位、表演逼真的能力。但这类人有时爱幻想，经常会有一些不切实际的想法。

第五，喜欢读书的人。这类人有很强的创造力和想象力，有自己的想法。他们兴趣广泛，经常能够超越自己的经验来计划某一件事情，进而扩展自己的生活领域。正如培根所说："读书能使人充实，谈话能使人机敏，写作能使人精确。"

第六，喜欢下棋的人。这类人可能在身体上不那么强壮，但在智力上往往要胜人一筹。他们会毫不吝惜地把自己的聪明才智发挥到淋漓尽致，从而把对手逼到走投无路的境地。在这个过程中，他们会获得巨大的满足感。喜欢下棋的人，其逻辑思维能力和分析思考能力是非常强的。所以，他们做事成功的概率也比较大。

第七，喜欢乐器的人。这类人多半是感性成分比较多的人，敏感度也极高。他们总是能在不经意间捕捉到一些好的坏的感觉，这不仅为他们带来了快乐，也为他们带来了烦恼。他们的性格并不是特别坚强，反而是脆弱的，甚至不堪一击。他们迫切需要别人的关心与爱护，却并不一定能够去关心和爱护他人。

第八，喜欢爵士乐的人。这类人的性格中，感性化的成分往往多于理性。很多时候，他们做事只是凭着直觉出发，而忽略了客观实际。他们喜欢自由、无拘无束的生活，希望能够摆脱控制自己的一切。他们追求丰富多彩的生活，讨厌一成不变的东西。他们的生活多是由很多不同的方面组成的，而这些方面又往往是相互矛盾的。

第九，喜欢竞走的人。这类人的性格是叛逆的、反传统的，他们喜欢标新立异。他们的自主意识比较强，不希望被人管制和束缚。他们渴望自由自在，想干什么就干什么。

笑声展示性格

笑是一个人快乐心情的体现，但笑的方式却能反映一个人内心的动态和这个人的性格。

情绪表达的方式很多，笑是其中最愉悦的一种。笑是无声的语言，但“无声胜有声”。三五好友齐聚一堂，大家开堂大笑，增进彼此感情，亦未尝不可。从笑的方式，也可以窥见一个人的内心动态和这个人的性格。

第一，捧腹大笑的人。这类人大多是心胸开阔的。当别人取得成就后，他们有的可能只是真心的祝愿，而很少产生嫉妒的心理。在别人犯错以后，他们也会给予最大的宽容和谅解。他们比较有幽默感，总是能够让周围的人感受到他们所带来的快乐。同时，他们还极具爱心和同情心，在自己的能力范围内，最大限度地对他人给予帮助。他们没有势利眼，不嫌贫爱富，为人比较正直。

第二，悄悄微笑的人。这类人不是性格比较内向、害羞，就是心思非常缜密，而且头脑异常冷静，无论何时都能让自己跳出所在的圈子之外。作为一个局外人，来冷眼观察事情的发生、发展情况。这样一来，可以更有利于自己做出各种正确的决定。

第三，看到别人笑，自己就不自觉地跟着笑的人。这类人绝大多数是乐观而又开朗的，情绪化比较强，而且富有一定的同情心。他们对待生活的态度也是很积极的。

第四，笑得全身都在打战的人。这类人多是很真诚、直率的，和他们交朋友是非常不错的选择。为什么这样说呢？当朋友有了缺点和错误以后，他们能够直言不讳地指出来，而不是为了当老好人、为了不得罪人而视而不见。他们不吝惜，在能力允许的范围内会对他人给予无私的帮助。基于此，在自己遇到困难的时候，也会得到来自他人的关心和帮助。

第五，不发出声音微笑的人。这类人大多是内向而且感性的人，他们的性情比较低沉和抑郁，情绪化比较强，而且很容易受到周围人的感染。他们还具有一些浪漫主义倾向，会一直寻找可以制造浪漫的机会，并为此做出一定的牺牲。他们的性情很温柔，也很亲切，经常能够给人一种很舒服的感觉。所以，与人相处起来会比较容易。

第六，笑声非常爽朗的人。这类人多是坦率、真诚、热情的。他们是行动派的典型代表，一旦决定做一件事，就会立刻付诸行动，非常果断、迅速，从不拖泥带水。这类人表面上看起来很坚强，但他们的心灵深处在一定程度上是极其脆弱和敏感的。

第七，不张口而能发笑的人。这类人大多是在掩饰自己的感情或带着强烈的警戒心理，为了避免他人洞察真心，所以通常不会开口发笑。

此外，我们也可以将笑具体分为以下四种：

第一种："哈哈哈"型。这种从腹腔发出笑声的人属于"豪杰型"，普通人很难发出这样的笑声。这种笑声的发出必须具备状态极佳的身体，平常如此发笑的人必是体力充沛者。

第二种："呵呵呵"型。自我感觉没有信心，强制压抑不快的情绪时，没有完全发笑的笑声。时而以这种笑声来掩饰内心的"牢骚"，当身体疲惫或心浮气躁时也会有这样的笑法。

第三种："嘻嘻嘻"型。属于少女型的笑声，好奇心强，属于凡事都想一试的性格。这类人极其渴望博得周围异性的好感，且此种心态随时都可以表现在脸上，情绪时高时低，高兴与郁闷时的落差很大。

第四种："嘿嘿嘿"型。对他人带有批评或轻蔑的态度时，抑或是当事者内心不安和烦恼时，常会出现这种笑声。这类人带有攻击性，希望借此压抑对方以获得快感。

搞清对方的真正需求

每一个人都会有需求，而且都会为了解决或满足需求而求助于人。一旦你能“看见需求，满足需求”，不成功也难。

每个人都有自己的需求，有些人做事往往过于强调自己的需求，而忽略或不顾及他人的需求，这样反倒无法实现自己的需求。成功的人际关系在于你能捕捉对方观点的能力。还有，看一件事须兼顾你和对方的不同角度。能设身处地地为他人着想，了解别人心里想些什么的人，永远不用担心未来。了解对方需求是搞定人的一个非常重要甚至是最重要的突破点。先去发觉别人的需求，再去满足他的需求，如此你将无往不利。

也许有人会问，为什么要注意别人的需求？那多累啊！没错，你最关心的当然是自身的需求。但除了你自己，很少有人会对你的需求感兴趣。别人也跟你一样，只在乎自己的需求。试想，一个老师如果只知道讲授他认为重要的东西，而不了解学生的需求，学生会对学习产生兴趣吗？如果一个业务员只知道一味地推销产品，而忽略了顾客的需求，他成功的概率会有多少？如果父母、伴侣、上司只知道要求对方，却不了解孩子、配偶、员工需要的是什么，这样的关系会和谐吗？

即使草地上开满鲜花，牛群却只会看到牧草。每个人最关心的是自身的需求，即便是一头牛也不例外，就跟你、我、任何人一样，每个人最在意的就是自己。

所以，要想钓到鱼，得问鱼儿想吃什么。一个钓鱼的人，虽然他喜欢吃的是冰淇淋，但他知道鱼爱吃虫。所以，他会用虫做饵。假如钓者不去想鱼需要的是什么，他就会空手而返。

《红楼梦》里面的宝黛爱情为什么会失败？我们可以从竞争的角度来分析。黛玉的竞争者很多，获胜不易。相似的情况是：古代的宫女为了得到皇帝的青睐，那是进入“红海”，竞争惨烈，需要费尽心机。而田螺姑娘要得到庄稼汉，那是进入“蓝海”，成功唾手可得。从另一个角度分析，黛玉并没有认识到满足需求链条的重要性。宝黛双方都有强烈的交往意向，林黛玉得到了使用者的认可。但是，使用者不是最终的决策者。在宝黛婚姻问题上，掌握决策大权的是贾母，掌握经济大权的是王熙凤。如果要成功，首先要过贾母这一关。而婚姻要风光体面，则要找王熙凤。因此，看一个问题，不能只看直接的逻辑关系，而要从整个平面来看，甚至要立体地看，把立体上的相关需求点都串起来。

出门观天色，进门看脸色

练就识人的眼力，你就可以在人与人的交往中迅速准确地看透对方的心理，从而占尽先机，游刃有余地面对各种人生挑战。

俗话说：“出门观天色，进门看脸色。”观天色，可推知阴晴雨雪，携带雨具，免受日晒雨淋；看脸色，便可知其情绪好坏，免得不受人待见。学会察言观色，实在是不可忽视的为人处世之道。知情绪，便能善相处；善相处，便能心相通；心相通，便能达到一致。

学会察言观色，留意对方的表情，有利于互谅互让，和谐相处。当对方不高兴时，该治则治，该躲则躲，当止即止，就可避免许多不必要的纠纷，求得和睦相处，“琴瑟和鸣”。

如果每个人都能察言观色，及时地改变先前的决定，及时地退或进，及时地把自己的言行组合或分解，及时地控制自己的喜怒哀乐，那么，人际交往一定会更加和谐。当然，那种阿谀奉承，吹牛拍马，唯上司命是从，为了一己私利，专看脸色行事的“小人”，理应受到鄙弃。察言观色不是为了投人所好，而是为了与他人站在同一水平面上。

在世界的知识中，最需要学习的就是如何洞察他人。可以说，每一个拥有良好人际关系的人、每一个善于驾驭他人的人都是善于察言观色、善于察觉别人体态语言并做出有效反应的人。

察言观色是一切人情往来中操纵自如的基本技术。不会察言观色，便不知风向，也就不知如何转动舵柄，弄不好还会在小风浪中翻船。如果我们真能在交际中察言观色，随机应变，解读对方的心思，那可谓是获职成功的一种高强本领。

刚参加工作不久的王先生，在大学时各方面表现都很优秀。因此，他也养成了骄傲的性格。王先生原本以为自己在公司里会一帆风顺，步步高升。但让他万万没想到的是自己处处碰钉子。老板、同事、客户，几乎每个人都在给他脸色看，这令他很难堪。

有一次，刘小姐满脸不快地从老板办公室里走出来，看起来像是被老板骂了。王先生不知死活，立即走过去表示关心："刘小姐，你是不是又被老板骂了？没事儿！别放在心上。"刘小姐很不自在地冷眼看了他一下，硬生生地说了句："没有的事，你别胡说八道！"说完，扭头就走了，把尴尬的王先生丢在办公室的门口。

通过这件事，我们不难看出王先生遭人白眼的真正原因。用俗语来说，王先生就是一点"眼力见儿"都没有，明明知道同事被骂，心情本来就不好，他还非要去问一句。这样做的后果，无疑是在人家的伤口上撒盐，只能让人更痛。刘小姐岂有不愤之理。像王先生这种不会看眼色的人，谁都不会喜欢。

由此可见，在职场中与人交往，需要敏锐观察对方的"言色"，懂得"看脸色"，从而了解别人的想法。只有这样，才能做出令人满意的举动，才能进退自如，才能达成既定的目标。

下面，教你如何察言观色：

一看眼睛。眼睛可说是脸部最富表情，也是最容易泄露秘密的地方。学会观察眼神，识人即可事半功倍。

二看手势。一般认为，揉眼睛、捏耳朵代表虚伪、犹豫或焦虑。如果一个人说话时频频碰触嘴巴或耳朵，他可能在说谎。如果是听话的一方这么做，则代表他认为对方在说谎。

三听声音。焦虑、具有攻击性或喜欢强出风头的人，说话音调较高或习惯大声。语调低沉的人较自信，习惯拉高尾音容易被当作不成熟。

四看笑容。笑容是最有说服力的沟通工具，不只代表快乐幽默，也可能意味着道歉、防卫或谅解。

只要掌握了以上几点，你就可以轻松地学会察言观色了。

第三篇

搞定人，才能摆平事

工作不像吃饭，吃个七八分饱就够了。更多的时候，在工作中有时你费尽十分力气，也未必有五分收获。在很多情况下，你有能力搞定一件事，却难以搞定一个人，而这个人偏偏会坏你的事！所以，想要办成事必须先搞定人。搞定你的客户，搞定你的上司、同事与下属，搞定你碰到的每个人，这样才能让这些人在与你的互动中获得快乐，让人人都成为你的贵人。

找到幕后的“关键人物”

怎样才能找到真正的幕后决策者？最简短的答案：从最大的“老板”开始！

在我们人脉关系的发展中，总会有一些“关键人物”需要花费一些精力重点攻克。但是，遇到的困难相对也会更多。那么，应该如何有效地打通这些关键人物呢？俗话说，一把钥匙开一把锁，再精密的锁也有钥匙开。抓住了与关键人物有着亲密关系的边缘人物，就是抓住了攻坚的重点。

在职场上，可能人人都会面临一个难题，就是如何找到决策者——拿主意的人。找到拿主意的人可能是一个复杂的过程。你也许需要和许多人打交道，他们可能是在一个垂直的层面上，也可能是在一个水平层面上的人，甚至关系交叉复杂。

在通常情况下，业务员在第一次接触客户的时候，首先面临的可能就是如何找到对方负责人的问题。也许你知道对方的联系方式与姓名，但你就是见不着他的面，因为总是由他们的秘书或保安挡驾。即使你闯过了“谢绝推销”的门牌，他们大多数时候只会让你把资料留下来，结果对于你来讲是价值几十元的成本，对于他们来说则是废纸一堆。害得你空有满腹经纶，却无从诉说！

也许你绕过“谢绝推销”的标志很容易，但要找到负责人却需要技巧和策略。假如你开口就说“我想和老板谈谈”，那么不经过一番唇枪舌剑，你是见不到老板的。所以，不要直接要求找某个人面谈。要想找到负责人，关键是不要提出直接的、自以为是的要求。你要间接地从秘书或行政人员那里打听到自己所需的信息，通常他们会很高兴地告诉你下一步该怎么做。

战场上通常是先消灭敌方的主力或主要将领，以此打垮他们的斗志。而在当今商战中，任何一个单位组织都有一个领导者，一个项目也有一个关键负责人。找人办事或谈判时，直接找对方领导者，使用各种手段，对他进行“攻关”，只要能把他打下来，问题基本上就解决了。因为领导已同意，哪怕他的手下有不同的看法也无可奈何。即使他已将权力下放，你通过他之后再找其他相关人员，也能“一路绿灯”。所以，做业务先解决掉关键和要害环节，次要的问题也就迎刃而解了。

时至今日，联系业务几乎全靠打手机。这是因为，做业务最关键的第一步就是找到人，找对人！这个人不是一般的人，而是负责人！找不到关键人物，口舌费得再多，也几乎是白费。而如果找到了负责人，再施展自己的金口才，便可以“一言之辩，重于九鼎之宝”，“三寸之舌，强于百万之师”。

不过，有的董事长一看是陌生来电，干脆不接，或者接通后说正在开会。因为他们每天接的电话太多了，什么推销的、卖保险的、拉赞助的、邀请开会的，每天都有几十个电话进来。当然，许多董事长都有两部到三部手机，一部对外公开，其余内部专线联系。不得不承认，现在市场竞争激烈，仅凭一个电话就立马签单的年代早已一去不复返了。那么，我们如何才能找对人呢?

下面，介绍两种常见的找到关键人物的技巧。

第一，赢得对方夫人的信任。中国人都知道，利用“枕边风”好办事。有时候，当你想要赢得某人的信任时，最重要的是先赢得对方夫人的信任。利用“枕边风”达到求人的目的，这种做法古已有之。历览二十五史，此类故事比比皆是。由此可见，利用“枕边风”是求人办事的一个重要手段，如能巧妙地加以利用，往往会收到意想不到的效果。当然，与现代人的太太们交往，更需要有技巧。最基本的三个原则是：礼仪、信任、实际利益。

第二，走一下老人孩子路线。找人办事时，所找之人如果正是年富力强的角色，刚好是“上有老、下有小”的年龄，那么，在必要的时候，除了走夫人路线外，走一下老人孩子路线，迂回接近目标，拉近彼此的感情，也是办成事的计谋。中国人注重许多传统，老人是长者，孩子是希望。假如老人心悦神怡，孩子快乐健康，全家就会随之活跃和愉快。对老人务必谦恭，心性美善，行为礼让。这一方面表现你的虚心、诚实，另一方面显出你对长者的尊重、敬仰。小孩天性乖巧，要用忠诚、童稚去换取欢悦，千万不能居高临下，装腔作势，虚情假意。

生意场上，总是会遇到各种各样的难关。所以，在一开始就要为自己做好打算。如果当面求人办事有些麻烦，那么这个人身边的人就很有可能是帮你渡过难关的突破口。

把握问题的来龙去脉

唯有识别出真正的问题，才能想出有效的解决方案。

在解决一个问题之前，我们必须首先识别它。如果无法识别真正的问题，所有的方法和方案都只是一句空话。

动物园里新来了一只袋鼠，管理员将它关在一片有着一米高的围栏的草地上。第二天一早，管理员发现袋鼠在围栏的树丛里蹦蹦跳跳，立刻将围栏的高度加到两米高，把袋鼠关了进去。第三天早上，管理员还是看到袋鼠在栏外，于是又将围栏的高度加到 3 米，把袋鼠关了进去。

隔壁兽栏的长颈鹿问袋鼠："依你看，这围栏到底要加到多高，才能关得住你?"

袋鼠回答："很难说，也许 5 米高，也许 10 米高，甚至可能加到 100 米高——如果那个管理员老是忘了把围栏的门锁上的话。"

这个故事告诉我们识别真正问题的重要意义。找不到问题的关键所在，怎么努力都是徒劳。

正确识别问题，要从以下几个方面考虑：

第一，考虑问题的起因。在现实生活中，随时都有可能遇到各种问题。这时，大脑思维的第一反应就是"为什么""怎么回事"。你应从多角度、多方面去分析问题的原因，抓住问题的症结，再针对不同问题，采取不同的处理方法。

第二，考虑问题的结果。一个问题出现了，其结果将会怎样？这个结果是对自己有利还是无利？我们一定要花时间去考证。否则，一旦失察和大意，你就有可能落入别人的圈套。

第三，考虑问题的症结。生活中的问题十分复杂。不同的问题有不同的特点和不同的矛盾，不同的问题反映了不同的图谋和不同的利益平衡点。因此，在遇见问题时，一定要明辨本质，针对不同用意的问题，采取不同的处理方法。

第四，考虑问题的各种可能性。处理问题是一门学问。我们在考虑如何处理所面对的问题时，要尽可能地对问题的发生、发展和结局做出全面的分析，设想问题发展的各种可能性，然后选择最佳方案，力争把问题处理得尽善尽美。

可以说，弄清问题的来龙去脉，问题就解决了一半。

搞定领导好办事

对付领导，应该找准领导的脾性、喜好、习惯，然后看准时机，踏准节拍，顺势而为，见招拆招。你的耐心和招数终将帮助你搞定他们，痛痛快快地走在他们的前面。

办公室里最难对付的不是文件，也不是工作，而是你的领导。如何能不费吹灰之力就受到领导的器重，让自己成为办公室的核心人物呢？其实，这并不难。这只是脑力游戏，而不是简简单单没日没夜地加班。

要搞定你的领导，先要搞清楚你的领导是哪种类型的人。领导的类型大体可以分为四种。搞定你的领导，必须针对其特点，因人而异。

第一，老虎型领导。其特点是：经常打断你，跟你抢话说；经常匆匆忙忙，有许多事情做；有时显得无礼；单项沟通为主；把自己的意见表达为毋庸置疑的事实；可能较为直率，想什么说什么；不受约束，喜欢打破常规等。由于他们是改革家、冒险家和点子专家，特别注重结果，最佳对策是“诱之以利”。具体的应对要点：一是摆脱“恐惧感”；二是高度追求结果；三是有一定的冒险精神。

第二，孔雀型领导。其特点是：兴奋、坦率、友善；溢于言表地同意你的看法；强调问题和事物的积极面；不愿谈及伤感的问题；以推销和鼓动方式进行沟通，乐于交谈和交友，很容易和他人打成一片等。由于他们是演员，爱表现、爱讲话、爱出风头，特别注重名气，最佳对策是“诱之以名”。具体的应对要点：一是不要抢他们的风头；二是对他们的“肺腑之言”别当真；三是该开口时就开口。

第三，考拉型领导。其特点是：谨慎行事；点头倾听；被询问时才回答；讲话平静而有条理；喜欢谈论自己熟悉的事物；喜欢单独交谈，而不是对众人发言等。由于他们很谨慎、有条理、脚踏实地，特别注重感情，最佳对策是“动之以情”。具体的应对要点：一是把真诚作为第一要旨；二是进取心强，有更大的发展空间；三是主动提酬劳和晋升，别不好意思。

第四，猫头鹰型领导。其特点是：做事井井有条；注意细节；喜欢书面沟通；不轻易表达相反观点；关注操作细节；可能抓不住关键；不发号施令，依规矩办事等。由于他们追求完美、逻辑性强、循规蹈矩，特别注重理性，最佳对策是“晓之以理”。具体的应对要点：一是必须兢兢业业，该加班时就加班，不要出错；二是胜在执行；三是遵规守纪，注重细节。

第五，变色龙型领导。其特点是：兼具以上四种特征，中庸而不执着，韧性强，十分圆滑，很难对付。具体的应对要点：一是不妨韬光晦迹；二是与他保持同步；三是坚定目标，做事谨慎。

分析领导的类型之后，就要注意自己的言行举止。你可以从以下方面努力：

第一，谈话技巧。身体语言与说话声调是给人好印象的第一要素。一位语言学家说过：“如果老板说话的语气非常柔和，你就得避免粗声大气地和他说话。”学会用对方的音频和语言状态沟通，能帮助你与之达成和谐的境界。而且，老板总会受被他认为容易相处之人所说的话的影响，而不是那些态度冲动、语气恶劣的人。你可以试试几个小招数：适当模仿老板的语气和声调；保持相同次数的目光接触；注意对方使用手势的方法与节奏。不过，应尽量避免让人觉得你在操纵一切，被影响与被操纵是截然不同的。

第二，穿着服饰。谈到穿着，千万不要机械地抄袭。一位形象设计顾问建议，要穿着和老板风格相似而不是雷同的衣服。重要的是，永远别穿得比老板还出风头。如果上司是一位女性，那么，聪明地模仿她的穿着，会让她在不知不觉中与你感觉亲密。此外，留心观察她佩戴的小饰品，适度地陪衬自己的服饰；化个清爽、大方的淡妆，也能为自己加分。如果你的上司十分注意保养他的鞋，那么你要小心，别让自己的鞋上沾有污痕，鞋跟磨损了就立刻修补。相信同样爱惜鞋的老板会注意你的细节的。还要注意一点，鞋应配合实际场合来穿。如果穿着尖头高跟鞋跑上跑下，派送文件，既不得体，又不实用，到头来只是辛苦了自己。

第三，服从领导。有一位心理学家说过：“当你与老板一起出席会议时，座位的选择是非常重要的。在一般情况下，请记住坐在他的左边。因为对他而言，右边是具有控制性及竞争性的，你应该坐在左边，表示服从他的意愿。”同步性也是会议中重要的一环。当老板身体向前倾时，或当他把手放在桌上时，请你一一照做，暗示你与他一致。另外，抛开顾虑、冒着顶撞上司的危险在会议上发表意见，可能会带给你意想不到的好处。比如说，老板误会了某件事，你适时地打断并委婉地指出，而不是让他继续误会下去，这能让他觉得，带你参加会议可以全然放心。

第四，社交场所。了解领导的性格是你发展社交关系的一大助力。如果你刚接受新工作，就应多向同事了解领导的习惯和要求，搞清楚他是幽默风趣型，还是与下属保持距离型。同时，尽量不要拒绝领导的社交邀请，以免给对方造成孤僻、不和群的印象。你必须注意，当领导在场时，喝醉酒可不得体，千万别做出让自己后悔的举动或决定。

总之，搞定领导的主动权实际上在你手中。首先，应具有充分的自信心、自控力。然后，施展有效的方式和手段，不必跟在领导的后面亦步亦趋。他刻薄你不必刻薄，他抱怨你不必满腹牢骚，他拿不定主意你必须果断，他偏听偏信你不要摇摆不定，你的眼光应该越过他，盯住更美妙的前方。这样一来，当机遇来临时，你就会比他取得更大的成功。

巧妙搞定同事

同事不等于朋友，不能公私不分。和同事保持适当的距离，会使你看起来更美。

每天和你在一起时间最长的人是谁？不是你的亲人，也不是你的朋友，是你的同事。他和你在办公室面对面、肩并肩，同劳动、同吃喝、同娱乐。但当我们有了“私人空间”的概念之后，我们同样不能忽视合理的社交空间和公共空间。

办公室里的距离如何把握，并不是简单的事。同在一个单位，或者就在一个办公室，搞好同事关系是非常重要的。关系融洽，心情就舒畅。这不但有利于做好工作，也有利于身心健康。倘若关系不和，甚至有点紧张，那就没滋没味了。

下面教你十招，巧妙搞定同事：

第一，对付爱发牢骚的同事。同事的牢骚，随便听听就好，不用太认真，更不可附和。否则，对方将会把你当作发泄情绪的垃圾桶，一有不满就想往你身上“倒垃圾”。你应该劝诫他，负面情绪无益于问题解决，与其满腹牢骚，不如正面去解决问题，这才是正本清源之道。尽量跟爱抱怨的同事保持距离，不要让他们的话影响工作情绪。就算无法躲开，也千万不要随便附和，以免被对方断章取义，引用你的话，去向主管表达他的不满。

第二，遇到情商差的人，要冷静。王女士的邻座同事脾气不好，情绪控制力很差，经常因为一点小事大发脾气，对别人大吼大叫，毫不顾及他人的感受。每当这位同事发脾气，王女士都会情绪低落，觉得受到了伤害，认为他是冲着自己来的。其实，面对这种情商差的“火药筒”，最好的处理方式就是冷静、冷静再冷静。不妨学学西方人，运用“暂时离开”的哲学，礼貌地说一句：“对不起，我想去趟洗手间，等一下我们再谈。”也可以说：“对不起，我现在跟人有约，可否待会再谈?”总之，及时离开现场，可以让你远离风暴、平复心情。

第三，遇到兴风作浪的人，当面质问。职场上那些喜欢讲是非、传八卦、中伤他人的家伙，往往让人防不胜防。虽然讲八卦、传八卦反映了人的天性，可以满足内心窥探别人隐私、评点他人短长的欲望，但八卦讲久了，很容易让自己陷入是非之地。因此，最好少跟爱讲八卦的同事在一起聊天、交换信息。一来不让自己成为八卦转运站，二来也不让个人的隐私传播出去。如果有同事散布你的是非，最好当面质问传话者:“听说，你说我什么……不知道是不是个误会?”一方面给对方解释的机会，另一方面也为自己澄清事实。

第四，应付口蜜腹剑的人，微笑着打哈哈。对这类同事，最简单的应付方式是装作不认识他。每天上班见面，如果他要亲近你，你就要找理由马上闪开。能不做同一件工作，就尽量避开不要和他一起做。万一避不开，就要学着写日记，留下工作记录。

第五，应付吹牛拍马的人，不要与他为敌。当这类人是你的同事时，你就得小心了。不可与他为敌，没有必要得罪他。平时见面还是笑脸相迎，和和气气。如果你有意孤立他或者招惹他，他就可能把你当作往上爬的障碍。

第六，对爱挑剔的人，先考察他们的动机。有时，我们会遇到苛刻的同事。此时，不妨先考察一下，对方挑剔背后的动机是什么?是他本身对自己、对工作的要求就很高，还是要借此来打压别人?

第七，应付雄才大略的人，虚心地学习。有雄才大略的同事，如果大家礼仪与目标一致，大可共创一番轰轰烈烈的事业。如一山不能容二虎的话，也可各取所需，各享盛名，而各得其利。如果行不通，你就全心全意地帮助他成功，自己多少也留下识才的美名。

第八，应付挑拨离间的人，最好谨言慎行。这类人做了你的同事，你除了谨言慎行和他保持距离外，最重要的是你得联络其他同事，建立联防及同盟关系，将他孤立起来。他向任何人挑拨和离间，你都不要为之所动。

第九，对付喜欢传播谣言的同事。散播谣言是不当行为，并且有损一个人的形象。有心人会诱使你加入散播谣言的阵容，将来追究责任时，他们也会昧着良心将责任推到你身上。要避开这种陷阱的办法是转移此类话题到正经事上，或干脆对他们说:“我真的不想谈这种话题，我不想聊这种道听途说没有根据的事……”他们不仅可能就此打住，也许内心还佩服你的个人修养呢。

第十，对付关系恶化的同事。当你感受到自己与某位同事的工作关系已经恶化到你无法处理的地步，就该寻求调解协助。这不是要找出谁对谁错，只是希望借助外力求个和平共存。如果你有一个善解人意的老板，也许可以请他出面协助你们两位解决这个问题。或者，你可以采取主动，建议对方也许调到别的单位或部门工作会比较快乐一点。但千万不要把场面弄得像是非要摊牌不可，而是站在对方利益的角度，提出解决的方案。

轻松搞定下属

一个领导如果做得好，可以带动团队里的所有成员都做得到位；一个领导若有一点点的坏，则会让自己的好印象消失得无影无踪。

领导艺术是一门高深的学问，也是一种细致入微的技巧。识人是用人的基础，用人是识人的目的，管人则是用人的手段。识人、用人和管人，归根到底是为了利用和发挥人力资源的优势，为本部门、本企业创造最佳效益。怎样才能用好下属办好事呢？如果我们把以下几点做好，建立起领导与员工间良好的人际关系，减少不必要的麻烦，那么我们的工作就会卓有成效：

第一，理解你的下属。一般来说，下属对上司总有一层顾虑。这层顾虑往往使他在上司向他了解他的需要时，不敢说出真话。而作为领导，如果不能了解下属真正的需要，即使为此做了不少事，也仍然达不到最好的效果。因此，领导一定要善于发现下属真实的想法。

第二，以德服人。宽容应该是每一个管理者必备的美德。没有一个员工愿意为那种和下属斤斤计较、小肚鸡肠，为一点小事抓住不放甚至打击报复的领导去卖力办事。所以，领导要能容人、容事，容得不同的意见，容得下属的错误。只要你具备宽容大度的品质，便会产生意想不到的神奇效果，也为日后请下属他们办事奠定良好的基础。

第三，与下属同心同德。如果要想下属把你的事办好，必须把你的事情、你的想法变成下属自己的意愿、自己的事情。只有这样，分派下属办事的时候，他才能积极、主动地办好。想要达到此种效果，必须摒弃那种准上不准下的思想，考虑下属利益、关心下属喜好。如果没有下属支持，团队的工作是很难开展的。一个好的领导事实上是很在意下属的态度的，并能时刻根据下属的态度变化，做出相应的调整。这是因为，下属是工作成绩的真正创造者，下属还可以帮助领导树立良好的形象。

第四，去除下属敌意。作为上级，你可能得罪了某位下属，使他对你充满敌意。遇到这种情况，该怎么办呢？首先，要正确对待这样的下属，没必要用特殊的眼光去看待下属，更不能用不光彩的手段去整治下属。其次，找出下属充满敌意的原因，对症下药，化解下属的敌意。有误会要说清，做不到位的可以互相检讨，最终和解。

第五，善于与下属沟通。沟通是用人的前提。缺乏良好的沟通，用人的效果会大打折扣。在公司中，常常提出一个问题，就是内部沟通不良。针对这个问题，唯一的解决方法就是加强“双向沟通”。

第六，尊重下属的兴趣和人格。在日常生活中，只要稍加留意，就会发现领导的众多下属，每个人都有自己的兴趣。处理好这个问题，便能更好地调动其积极性。

第七，敢于放权。权力是一种管理的力量。如果领导想让人才充分发挥自己的才能，就必须为人才提供充分施展才华的空间。事实证明，总是在让他人指导下才能工作的人是不会成为真正的人才的。所以，这就需要领导将部分权力分给那些你认为具备人才条件的下属，让他放手去干。

第八，奖功避过。重用人才，领导要做的另一件重要的事情就是“有功则奖”。尤其是人才为企业做出大的贡献时，一定要重奖！当然，人无完人，人才也有犯错误的时候。如果是不值一提的小错误，领导最好不要理会。如果整天为一些小错误缠住下属不放，那么他的工作情绪就会严重受到干扰，创造力就会降至低谷，这样做是得不偿失的。

第九，快速提升。如果人才做出了重大成绩，就要果断地提升他，不要由于他工作时间短或年龄小等无关紧要的原因而不敢提升。提升是一种激励的“催化剂”，能够以最大速度调动人才的积极性和创造力。对其他员工来说，这也是一种超强的动力。无论对于企业发展来说还是对于个人发展来说，激励都会产生无穷的作用。

第十，力排众议。“众口铄金，积毁销骨。”有的人获得重奖，得到提拔，会有很多人产生不满，从而流言四起。这时，才是考验一个领导用人能力的时候。领导首先要在自己的心里有杆“秤”，能够把握流言的真实度有多大，这需要不断地调查。如果经过你的判断，这些流言的可信度非常低的话，你要果断地力排众议，对人才施行保护，让他有职业上的安全感，不要顾及其他员工是否能够承受。如果企业由于人才的发挥而蒸蒸日上，效益猛增，其他员工也就会明白你的苦心了。

搞定客户，无往不“利”

稳住客户对于销售人员来说，是一门学问，也是一门艺术。找客户不难，搞定客户才是关键。

商场如战场，销售已经成为企业生存的重要法码，如何成功有效地提高销售业绩已成为企业面临的一道难题。如何深刻了解客户需求，敏锐地洞察市场态势，变被动为主动，抓住每一个可能的销售机会，就成为销售人员的生存之本。一个业务员每天要面对不同的客户，就要用不同的方式去谈判。只有不断地去思考、去总结，才能与客户达成最满意的交易。

以下三步可以助你轻松搞定客户：

第一步，分析客户的性格。

性格是指一个人经常性的行为特征以及适应环境而产生的惯性行为倾向，往往可以左右一个人的处事风格。只要你稍加注意，就能轻松分辨出客户属于哪种性格。

一是自命不凡型。这类人喜欢听恭维的话，你得多多赞美他，迎合其自尊心，千万别嘲笑或批评他。

二是脾气暴躁，唱反调型。对付这类人，你要面带微笑，博其好感。先承认对方有道理，并多倾听，但不要受对方的“威胁”而再“拍马屁”。宜以不卑不亢的言语去感动他，让对方在你面前自觉有优越感。

三是犹豫不决型。这类人在冷静思考时，脑中会出现否定的意念。要取得对方的信赖，宜采用诱导的方法。

四是小心谨慎型。要迎合他说话的速度，语速尽量慢下来，才能使他感到可信。

五是贪小便宜型。以女性多见，多给她们一些小恩小惠即可搞定。

六是来去匆匆型。称赞他是一个活得很充实的人，并直接说出产品的好处。要抓住重点，不必拐弯抹角。只要他信任你，这类人做事通常很爽快。

七是经济不足型。让他对产品感兴趣，但他又拿不出现钱。这时候，就要想办法刺激他的购买欲望，和同来的人作比较，使其产生不平衡的心理，也可以让他分批购买。

第二步，投其所好，寻找共同点。

在确定客户的性格后，在谈话时就要找到与客户的共同点，运用投契合拍的沟通之道，从而达成有效的沟通。为此，我们要做到：与活泼型客户一起快乐，表现出对他们个人有兴趣；与完美型客户一起统筹，做事要周到精细、准备充分；与力量型客户一起行动，讲究效率和积极务实；与和平型客户一起轻松，使自己成为一个热心真诚的人。

第三步，掌握步步为营的谈判技巧。

作为市场营销人士，每天和不同对象进行的沟通交流、协商协调，实质上就是不同形式的销售谈判。虽然销售谈判的时间、地点、内容、级别、规模、形式、对象不同，但其中不乏共同之处。

一是通过谈判加强双方或多方的沟通，加深了解。在化解矛盾和分歧的基础上达到共识，以实现交易或合作的目的。

二是通过短兵相接的沟通交流，力争在交易和合作中实现自身利益的最大化。

三是谈判中许多谋略的设计和实施，都是在面对面的情况下进行的。即使是谈判前制定了必要的原则，谈判中也要根据情势的变化而变化。所以，又把销售谈判称为面对面的谋略。要想掌握销售谈判的主动权，就必须研究运用一些必要的谈判技巧。销售谈判具有灵活多变的特征，不可能有一个一成不变的公式，但也有一些共性的基本技巧。如能灵活运用，可能会对参与销售谈判有所帮助。

如何对不同的顾客进行产品推广？看其属于哪种类型的人，就可以对不同类型的客户采取不同的措施，做到“有的放矢”，从而起到事半功倍的效果。

搞定与自己为敌的人

最成功的社交是化敌为友，最要命的社交是化友为敌。

不得不承认，有时候，自己的敌人能把我们推向成功，朋友、亲人却可以把我们拉往深渊。所以，要学会善待自己的敌人。人只有时刻处在危机中，才能提高生存的质量。我们有时也想安逸，也想放松，但时间久了，我们的意志都被磨灭了，还有什么斗志和我们的敌人去竞争？市场是无情的，同样社会也是无情的，弱肉强食，适者生存。在这个大的社会背景下，我们要想生活得更好，必须学会容忍，学会宽容，学会尊重你的敌人。

富兰克林总统年轻的时候，把所有的积蓄都投资在一家小印刷厂里。他很想获得为议会印文件的工作，可是出现了一个不利的情况。议会中有一个极有钱又能干的议员，他非常不喜欢富兰克林，并且还公开斥骂他。这种情形非常危险，因此，富兰克林决心使对方喜欢他。

下面就是富兰克林自己叙述的经过：

"听说他的图书室里藏有一本非常稀奇而特殊的书，我就给他一封便笺，表示我极欲一睹为快，请求他把那本书借给我几天，好让我仔细地阅读一遍。他马上叫人把那本书送来了。过了大约一个星期的时间，我把那本书还给他，还附上一封信，强烈地表示了我的谢意。于是，下次当我们在议会里相遇时，他居然跟我打招呼（他以前从来就没有那样做过），并且极为有礼。自那以后，他随时乐意帮忙。于是，我们变成很好的朋友，一直到他去世为止。"

富兰克林离世已经100多年，而他所运用的心理办法，也就是请求别人帮忙的心理办法，对现今的我们依然有效。

善待我们身边的敌人。虽然他们是我们的对手，对我们构成了表面上的威胁，但也因为这些敌人的存在，使得我们多了一份警戒，多了一份竞争力，多了一份活力。狮子之所以被公认为兽中之王，就是因为它时时带有一份敏感的警惕性。闽南语有首歌唱得好："有竞争才会进步。"

当然，善待与自己无关的人还比较容易，善待敌人就难得多了。难道他打我左脸，就该把右脸送过去吗？当然不是。善待敌人，在他们困难时拉一把，不要落井下石；在他们步入歧途时告诫一句，不要在旁边幸灾乐祸……如果穷寇仍追，敌人反噬一口，倒霉的就是自己了。而善待敌人，也许就可以化干戈为玉帛。多一个朋友总胜于多一个敌人吧？

搞定职场小人

最好不要和小人们针锋相对，那样做的结果只会让他们感受到威胁，做出更多不理性的攻击行为。

一个人在社交中，会不可避免地遇到“小人”。如何妥善地处理和“小人”的关系，使自己不受“小人”的攻击，这也是一门学问。

很难说清什么是“小人”，这个“小”既不指年龄，也不指长相。“小人”和“小人物”是两回事，“小人”会害人，而“小人物”则不会。所以，如果和“小人”的关系没有处理好，任何人都要吃亏。但是，“小人”又没有特别的样子，脸上也没写着“小人”二字，有些“小人”甚至长得既帅又漂亮，有口才也有文才，一副“大将之才”的样子，并且还很聪明。不过，你只要留心观察，用心研究，“小人”还是可以从行为上分辨出来的。

大体言之，“小人”就是做事做人不守正道，以邪恶的手段来达到目的的人。所以，他们的言行具有以下特色：

第一，具有极强的猎奇心理。“小人”最喜欢那些奇谈、那些亦真亦假的消息，像一个不辨真伪的“收藏家”那样，对什么样的话题都感兴趣，来者不拒，视为珍宝。

第二，表面一套，背后一套。这种行为代表他们这类人的行事风格，因此待你也可能会表里不一，这就是“小人”的行径。

第三，喜欢说谎和造谣。“小人”说谎和造谣生事，是另有目的的，并不是以说谎和造谣生事为乐，而是“小人”生存的本能。

第四，喜欢挑拨离间。为了达到某种目的，他们可以用离间法挑拨朋友间、同事间的感情，制造他们的不合，而他在一边看热闹，好从中取利。

第五，喜欢拍马奉承。这种人虽不一定是“小人”，但这种人很容易因为受上司所宠而趾高气扬，在上司面前说别人的坏话，只要一有机会就会抬高自己，就会变成真正的“小人”。

第六，喜欢追随权力。谁得势就依附谁，谁失势就抛弃谁，这是“小人”很明显的一大特点。

第七，喜欢踩着别人的鲜血前进。就是利用牺牲他人为自己开路。值得一提的是，他根本不在乎你的牺牲，他最在乎的是自己的利益。

第八，喜欢落井下石。只要有人跌跤，他们会追上来再补一脚。在“小人”眼里，看别人跌跤是最快乐的事。

第九，喜欢找替死鬼。明明自己有错却死不承认，硬要找个人来背罪。

事实上，“小人”的特色并不止以上这些。总而言之，凡是不讲法、不讲理、不讲情、不讲义、不讲道德的人都带有“小人”的性格。

“小人”是琢磨别人的专家，敢于为极小的恩怨付出一切代价。因此，在待人处世中如何与“小人”打交道，还真得有一套行之有效的应对之策。怎么办呢？以下几个原则可以供大家参考：

第一，不得罪他们。一般来说，“小人”比“君子”敏感，较为自卑。因此，你不要在言语上刺激他们，也不要在利益上得罪他们，尤其不要为了“正义”而去揭发他们，那只会害了你自己。自古以来，“君子”常常斗不过“小人”。“小人”为恶，就让有力量的人去处理吧！

第二，保持距离。别和“小人”过度亲近，保持淡淡的同事关系就可以了。但也不要太过疏远，好像不把他们放在眼里似的。否则，他们会这样想：“你有什么了不起？”于是，你就要倒霉了。

第三，小心说话。和“小人”在一起说些“今天天气很好”的话就可以了，千万不要谈论别人的隐私，谈论某人的不是，或者发某些牢骚。这些话绝对会变成他们兴风作浪和整你时的资料。

第四，不要有利益瓜葛。“小人”常成群结党，霸占利益，形成势力，你千万不要想靠他们来获得利益。因为你一旦得到利益，他们必会要求相当的回报，甚至就如鼻涕那般，沾上你不放，想脱身都不可能！

第五，吃些小亏也无妨。“小人”有时也会因无心之过而伤害你，如果是小亏，就算了，因为你找他们不但讨不到公道，反而会结下更大的仇。所以，原谅他们吧。

女人搞定男人要趁早

搞定男人，搞定婚姻，搞定幸福。

只要你想要，身边还会有你搞不定的男人？女人如果真正能了解男人，那么从20岁男人的浮躁到35岁男人的成熟，她都能一一掌握，马上搞定他们。

第一，20—24岁：浮躁与不安。20出头的年纪正是男人容易迅速恋爱迅速撤退的转型期。转型期的男孩们一方面不断产生着让他们渴望异性的雄性激素，另一方面又放不下享受惯了的自由生活。生理构造决定了男性在这个时期往往只能以性行为来展示自己的感情。最重要的是，他爱不爱你。

第二，25—29岁：进退两难。25岁是一个标志，标志着男人进入一个新的阶段，一个开始以认真、严肃的态度面对人生的阶段。在这个年龄段，他会在自我的利益和身边其他人的利益之中进行思想斗争。这时，如果他找到意中人，他不会轻易放弃，但他也同样不想失去自己其他已有的东西。对于有一定感情经验的他来说，你们的关系一定是带有一定的现实主义色彩的。一般来讲，他不会为了赢得一个女人的芳心而放弃自己的一切。

第三，30—34岁：峰回路转。到了30岁，男性的成家欲望会逐渐变得强烈起来，开始注重精神上的安定感，并希望能够在合适的环境下传宗接代，延续生命。这时的他已经相当成熟，经验丰富，而且精力还算充沛。他需要的是一个能够尊重他、欣赏他，更多地发掘他优点的女性。如果你尝试着去改变他，他会对你产生抵触情绪。

第四，35岁：成熟收获。这个年纪的男人无论在喜悦抑或痛苦时都显得不那么外露，更加有自我约束力。这一点同样自然而然地影响到他寻找生活中的伴侣。这个年龄段的男性在向女性明确关系时通常会非常小心翼翼，因为他往往在过去的岁月里曾经屡次碰壁、跌倒，甚至受伤。这种谨慎是感情磨砺的自然流露。大多数过了35岁的男人在和年轻女孩约会时会显得很强势，因为他有更丰富的生活经验。告诉前来约会的女孩该去哪儿、该做什么，是这一类“老”男人的“特殊本领”。他对于自己的决定总是很有信心，并借此成为年轻女孩心目中的偶像。

都说英雄难过美人关，可是漂亮的女人未必制服得了男人。但有一种懂得温柔的女人，恐怕最容易触动男人的软肋。很多女人一直在研究如何搞定男人，其实大可不必花费时间和精力。要搞定男人，必须注意以下六点：

第一，你先要保证自己始终是独立的、特别的和自信的。你要笃定地保有自己的那份独特和对自己的信心。比如，要保持自己完全独立的空间，有完全独立的经济能力、事业、亲情、友谊、梦想，这一点很重要。要让他感觉到，你不是一个急于寻找男人肩膀的女人。男人只有在感觉自己不是被套牢，而是放松的时候，才有可能就范。

第二，不轻易让对方知道你有多么渴望他。过分殷勤或急于讨好男人，是无论如何也得不到男人的尊重的，更不利于维持长久的情爱关系。其实，有时候，你的目空一切，倒是令他折服的秘方。当一个男人对你产生兴趣时，不管你多么期待他的爱，多么心仪于他，都应该懂得“节制”——尽管做到这一点很难。

第三，谨慎对待和尊重男人的自我。坏男人通常自我意识超强，你必须让他感觉到自己是个男人，而且误以为自己大权在握，才有可能搞定他——比如，永远保持向他撒娇的权利，时不时地来点小脾气，包括流泪。

第四，你得把自己藏起来一点。不能完全让他对你了如指掌，要有能力让你和他之间充满意外和神秘。过于熟悉只会使他轻视你，不再对你感兴趣。坏男人绝对不会对一个第一次见面就滔滔不绝地说话的女人感兴趣，这会让他看到你内心的紧张和自卑。

第五，千万别过早地跟男人上床。如果很容易就跟他上床，他一定会在私下里对你失去敬意，对你抱有戒心。

第六，千万别去找他的情人谈判。不要轻易地把所有的女人都当成对手，不要强迫自己和另一个女人去争风头。当一个女人把自己和另一个女人比较的时候，就已经是在贬低自己了。如果你感觉到威胁，一定记住，千万不要把这种感觉轻易流露出来，而要假装没有看到她。

男人搞定女人有绝招

女人能顶半边天，搞定了女人，就等于搞定了半个地球。

对付以前的女人，一朵玫瑰花、一首诗、一首窗前的吉他曲就可以拿下。现如今，这样的精神层面的“食粮”对女人的诱惑力已经完全减弱并聊胜于无了。车子、房子、位子、票子才是女人最心动的。你想搞定女人，你要知道女人不会告诉你的事。很多男人的心里都在想，怎么样去轻松征服一个女人的芳心，能够让心爱的女人为自己倾心？然而，多数男人不善研究女人的心理。其实，男人只要做到以下几点，就可以轻松搞定女人：

第一，保持绅士风度。绅士风度是男人给女人的第一印象。其实很简单，进门的时候，可以为女士推门让她们先走；过马路的时候，让自己站到来车的一面，让女士感到你在保护她；吃饭的时候，为女士先拉一下座位，让她们先坐。这些很细微的动作，就会显得你很有素质，也很有绅士风度。

第二，让她感觉到安全。如果一个女人能开诚布公地与你沟通，说明你在她心中是有一定地位的。但是，你最好懂得什么时候该说话，什么时候该闭嘴。不要害怕表达，可以适当地和她分享你的感受和想法。这样一来，她会觉得你是站在她这边的，内心就会更加依靠你。要让她确信，你不会因为她表达出内心的想法而嘲笑她。

第三，要懂得尊重女方。不要太多地干涉对方的选择，最好鼓励她发展自己的专长。每个人都是一样的，如果做的是自己不喜欢的东西，便不会有激情和干劲。你觉得好，她未必认为就是最适合自己的。现代好男人的一条重要标准是，尊重所有的女性，包括仅有一面之缘的人。女人觉得，喜欢小动物的男人心地善良，能照顾好宠物，肯定也会照顾好自己的家人。如果你实在不喜欢也不必表现得太过明显，可以委婉一些。要做得投其所好，这样可以在女士那里为自己加分。

第四，用爱抚表达。并不是所有的亲昵都要在卧室进行，也不是所有的爱抚都和性行为有关。在女人洗菜的时候，你可以轻轻地从她背后环抱住她，将脸颊轻靠在她的后背上感受她的呼吸；也可以在她看电视的时候做个按摩，给她捶捶背揉揉肩膀，赶走一天的疲劳。不要吝啬你的爱抚，她会在你的抚摸间爱上这种温馨的感觉。

第五，让她的家人、朋友都欣赏你。长辈们实在是厉害，眼力很好，如果你能赢得她家人、朋友的欣赏，简直就等于搞定了一半。女人通常都很容易被身边的人影响，有赞赏你的人，你在很多事情上都会得到很多帮助。

第六，控制情绪，尽量做到胸襟开阔、宽容。现在，很多男人因为原先在家就是小太阳，便事事都要求公平。但是，女人毕竟是需要哄的，请不要太意气用事。如果不涉及原则，最好先让步。只有让你们的矛盾平和下来，两人才能冷静下来，才能寻求合理的解决方法。无论是在职场中还是在家庭中，总有让你抓狂的时候。学会控制情绪，对你来说是有百利而无一害的。这既可以避免和上司发生不必要的冲突，也不至于在三更半夜被赶到客厅沙发。行为心理学家说，在你即将大发雷霆之前，你脑中会有千分之一秒的闪念："我到底要不要发火？"而你所要学习的就是，如何在这一闪念间控制住自己的情绪。

第七，勇于承担责任。女人理想中的男人首先应当是一个勇于承担责任的人。这包括对爱情的承诺、对家庭的承诺、对未来的承诺等。几乎所有女人关心的问题都是男人需要给予承诺的事情。

1分钟搞定淘气孩子

在教育孩子的过程中，家长应该努力探索一些“心理规律”，积极地发挥它们的作用，从而科学地引导孩子。

相信每一个做父母的，都有被顽皮淘气逆反的小家伙惹得火冒三丈的时候。先别急着发火，用1分钟来实践一下：管好孩子只需60秒！

第一，0－10秒：快速反应。面对孩子的不良行为，你应该马上采取行动进行干涉。“安全第一”是与孩子相处的首要原则，任何情况都不例外。所以，如果孩子的违规行为危及他的安全，你的快速反应就至关重要。

第二，10－20秒：保持冷静。先安顿好自己的心情，尽量保持冷静。如果实在不能控制，可以发作，但发作的方式很重要。如果你想大喊，千万别喊：“你这个讨厌鬼！”你可以喊：“天哪！”这样一来，你既发泄了自己的怒气，又不会令孩子觉得受了伤害和侮辱。

第三，20－30秒：情势评估。用几秒钟想清楚到底发生了什么事，这对你非常重要。除了冷静地了解“到底发生什么事”，你还要弄清楚“为什么会发生这样的事”。比如，一个3岁的孩子开始蛮不讲理地吵闹，有时只是因为他觉得饿了。

第四，30－40秒：说什么。你的语言要尽量简洁。孩子除了需要了解自己做错了什么，他还得知道怎样做是对的。“我们一般都不画在墙上，而是画在纸上。”说完这些，你就该就此打住。小孩子的接受能力有限，简单的话往往容易给他留下较深的印象。

第五，40－50秒：要不要惩罚。有的父母认为，惩罚在管孩子时非常重要。但专家却不同意，认为处罚只有在你所有的解释和说服都不管用的情况下才需要，而这种情况其实很少见。在通常情况下，你只要把孩子手里的巧克力拿走，同时告诉他“今天不可以再吃巧克力了”，就能达到目的。

第六，50－60秒：强化效果。儿童教育和心理专家那里流传着做父母的8字箴言：始终如一，说到做到。别看孩子小，他们的思维方式可是很有逻辑性的，他们会认为：“如果爸爸妈妈没有说到做到，那他们的话也就可以不听了。”所以，在规范孩子行为方面，你的规则可以很少，但一定要坚持贯彻到底。记住，永远不要对孩子说威胁的话。

如何搞定难搞的人

对于难搞的人，要带着自信去找他。找他之前要做足功课，与他沟通要注重技巧。如果实在搞不定，就忽略他，把更多资源用于其他更容易搞定的人。

面对讨厌、难搞的人，一般人的直接反应或许就是：不理他就好了。但如果他是你的上司、工作上需要合作的伙伴或客户，你根本没有不理他的权力。不管你跟对方是个性不合，还是对方因为自己的工作或生活压力将情绪转嫁于你，如果只是消极回避，在工作和情绪上可能都会累积负面能量，最终造成伤害。遇到难搞的人，要保持专业精神。

首先，要把目光摆在目标上，公平对待每一个人。千万不要对人不对事，要为生活而工作，不要为工作而生活。要搞定难搞的人，你一定要有自信，不能怯场，更不能打退堂鼓。两军对阵，如果在气势和信念上先输一筹，后面就很容易一溃千里。

其次，沟通前要做足功课，沟通时要注意分寸。世事在变，但中国人延续几千年的传统不会轻易失传——知己知彼，百战不殆。适可而止，不可有贪心。如果你的“潜在合作伙伴”是个难搞的人，那你就要留神了。在正式接触之前，应先从侧面了解对方的性格、行事作风和习惯的沟通方式，做好摸底工作再采取行动，才能收到好的效果。在沟通过程中，不能光顾着把自己的想法和盘托出，而要留意对方的反应和话中隐含的玄机，抓住可以切入的点进行深入沟通，才能达到最佳的沟通效果。

最后，也是最重要的一点，就是不要吊死在一棵树上。有的人确实很难搞，根本就没有任何合作意愿，也找不到合适的切入点，那你还死缠着他干嘛？一个公司里可以做决定权的人不止一个，部门主管搞不定，你可以去搞定他的上司。A 副总搞不定，你可以去搞定 B 副总。办成一件事的方法有很多种，一条路走不通，就及时撤回主力走另一条路。

当然，任何一件不好的事也会有它正面的存在意义。其实，这些难搞的人可以成为我们提高情商（EQ）的好帮手！从多嘴的人身上，我们可以学会沉默；从脾气暴躁的人身上，我们可以学习忍耐；从恶人身上可以学到容忍包容，重点是你不用对这些“老师”感激涕零。

再说你所谓“难搞的人”，可能只是与你个性不同的人。相反，可能对他来说，说不定你也是那个难搞的人。应付难搞的人最有效的方式就是灵活，一旦发现他的相处模式，在与他相处时，就尽量灵活采用那种模式。如果他喜欢先闲谈再谈正事，你也应该先与他聊聊天；如果他直话直说，你就闲话少说，直入主题。这样一来，在与难搞的人打交道时会更有效率，而且你会发现他并不是那么难搞。

第四篇

摆平事有技巧

摆平事是一个人最大的生存与竞争本领。一个人能不能在社会上站得住、行得开，重要的一点就是看他能不能摆平事。世上没有攻不克的城，也没有办不成的事，只要你学会了摆平事的技巧，就一定能成功。

办事要注意外在形象

一个人的形象非常重要，而一个良好的职业形象更为重要，能让你在前进的道路上越走越好。

俗话说："人靠衣装马靠鞍。"商业心理学的研究告诉我们，人与人之间的沟通所产生的影响力和信任度，主要来自语言、语调、形象三个方面。它们的重要性所占的比例是：语言占 7%；语调占 38%；视觉（即形象）占 55%。由此可见，形象至关重要。而服装作为形象塑造中的第一外表，已成为众人关注的焦点。在当今激烈竞争的社会中，一个人的形象远比人们想象的更为重要，你的形象就是你自己的未来。一个人的形象应该为自己增辉，当你的形象成为有效的沟通工具时，塑造和维护个人形象就成了一种投资。长期持续下去，会带来丰厚的回报，让美的价值积累，让个人消费增值。没有什么比一个人没有机会展示许多内在的东西，还没领到通行证就被拒之门外的损失更大的了。

不管是公共场所，还是私人聚会，只要你与人进行交往，你的衣着打扮、言谈举止等外在形象就会出现在他人的眼里，并留下深刻印象。可以说，一个人外在形象的好坏直接关系到他做事的成功与失败。在现实生活中，也有很多这样的事例。假如有两件大小一样的礼物让你选择，一件包装别致、精美、有品位，一件随意地用个破旧袋子或盒子裹着，你的手会伸向哪一个呢？你当然会毫不犹豫地伸向前一个。再试想一下，你去医院看医生，是乐意接近穿着职业白大褂，端庄典雅，最好还挂着口罩或听诊器的人，还是乐意接近走廊里拿着卫生工具的清洁工呢？当然是前者，因为前者的形象更像医生，更值得你信赖。

你可以从以下几个方面，提高自己的外在形象，进而提升自己在别人心目中的地位：

第一，解决好形象的"焦点"问题。服饰、仪表是首先进入人们眼帘的。特别是与人初次相识时，由于双方互不了解，服饰和仪表在人们心目中占有很大分量。穿衣要得体，这是最基本的要求。只要适合自己的体形，那些漂亮又有新意的衣服就应当大胆尝试。服饰的个性，也能让人判断出你的审美观和性格特征。服饰式样过时，人家会认为你刻板守旧；服饰样式太过超前，人家会认为你轻率固执、我行我素。这两种情况都容易让人得出“此人不好接近”的结论，自然会影响你的形象。

第二，让你的言谈举止“放大”形象。言谈举止是一个人精神面貌的体现，要开朗、热情，让人感觉随和亲切，平易近人，容易接触。很多人在社交中总担心没有出众的言谈来打动大家，吸引别人的注意，以致造成精神上的紧张，使表情、动作都变得十分僵硬，这都是自尊心太强造成的。因此，应放松心情，保持自己的既有特点，而不要故意矫揉造作。有的人在“亮相”时昂首阔步，气势逼人，在跟别人握手时像钳子般有力，跟人谈话时死死盯住对方……这样故作姿态，不仅会令别人感觉难受，就连你自己也会觉得别扭。其实，最好的办法是保持你原有的个性和特质。言谈要有幽默感。在社交中，谈吐幽默的人往往容易取胜，没有幽默感的人在社交中往往会失败。在交际场合，幽默的语言极易迅速打开交际局面，使气氛轻松、活跃、融洽。在出现意见分歧的难堪场面时，幽默、诙谐便可成为紧张情境中的缓冲剂，使朋友、同事摆脱窘境或消除敌意。此外，幽默、诙谐还可用于含蓄地拒绝对方的要求，或进行一种善意的批评。

第三，充分展示性别美。男士切忌流露出狭隘和嫉妒的心理，不要斤斤计较，更不要睚眦必报。男人的性别美，是一种粗犷的美、内涵的美。真正的男子汉应该有个性，有棱角，有力度，有一种阳刚之气，而那些扭扭捏捏的奶油小生则让大多数人难以接受。而女性美普遍被人认可的形象一直是娴静的、温柔的、甜美的。女性容貌清秀，线条柔和，言谈举止中所散发出来的脉脉温情更加强烈动人。交际时，女性如能巧妙地利用自己的性别特点，表现得谦恭仁爱，热情温柔，一般总能激起男性的爱怜感和保护欲。女性自然的柔和所产生的社交力量，有时比“刚强”的力量要大得多。

第四，发挥微笑的魅力。在社交场合，轻轻的微笑可以吸引别人的注意，也可使自己及他人心情轻松。事实上，整天笑眯眯的人总是有着特别的魅力。

办事态度左右你的前途

世上没有卑微的工作，只有卑微的工作态度。积极的态度诞生成功的果实，消极的态度孕育失败的萌芽。

一个人的成功与否体现在他的事业成功与否，而事业是由无数个事情累积而成的，只要认真办好每一件事情，成功就离我们不远了。在现实生活中，要办事容易，要办好事很难。很多人所办的事情不可胜数，但真正办成功的事情却少之又少。而有些人即使遭受打击，该办的事也能够办得尽善尽美。为什么会有这么大的差别呢？这与人办事的态度有很大关系。我们说某个人的办事能力很强，那么究竟这种办事能力从何而来呢？答案很简单，能力来自态度。态度正确，能力自然提高。

有这样一则小故事：

三个工人在砌墙。有人过来问："你们在干什么？"

第一个没好气地说："没看见吗？砌墙。"

第二个抬头笑了笑，说："我们在盖一幢高楼。"

第三个边干边哼着歌曲，他的笑容很灿烂："我们正在建设一个新城市。"

十年后，第一个人在另一个工地上砌墙；第二个人坐办公室中画图纸，他成了工程师；第三个人呢，是前两个人的老板。

由此看来，态度决定成败。在实际生活中，我们常常会听到这样的抱怨："工作很累，钱挣得很少。""做同样的工作，为什么他挣的钱比我多呢？""领导为什么只重视他，对他委以重任呢？"这样的情况确实存在。然而，如果一个人天天带着情绪工作，肯定不会有出色的表现。大家想一想，如果在你的左边站着一个态度积极向上、凡事都抱着必胜信心的员工，右边站着一个灰心丧气、凡事都摇头的员工，作为领导的你会做出什么样的选择呢？

办事是一门艺术，它囊括了做人、办事、人际交往、口才、心理战术及礼仪等各个方面的学问。但无论其中的学问有多深，要想办好事情最重要的一点就是：办事的态度一定要正确。只有态度正确了，才能得到别人的欢迎，处处获得别人的帮助。

借力成事找捷径

能利用他人的力量去完成自己的工作，这样的人才是最高明的。

世界上有三借：借人、借势和借钱。这都是成事之道。借人、借势是聪明人常用的一种成事之道，它可以利用对方的优势来弥补自己的不足，至少可以弥补自己的才智、人力的不足。中国有句古话：“好风凭借力，送我上青云。”说的是必须看准时机借助风力才能成功。其实，借用外力来发展自己是事物运动的一种普遍现象。当年，诸葛亮正是借助东风施用火攻才大破曹军的。

俗语说，“一个好汉三个帮”，“多个朋友多条路”。“朋友”在中国传统中是两弯相映的明月，讲究肝胆相照、义字当先。朋友在竞争激烈的现代社会里显得日益重要，善于利用朋友关系往往使你的生活自在快乐，而且会有更多机遇。因此，培养一种借助朋友关系的习惯，就意味着成功有望。

水本无姿，但借助了山势，或蜿蜒成潺潺的小溪，或奔流成汹涌的江河，或跌宕成溅珠乱玉的飞瀑。要想成就一番大事业，单靠自己的力量是不够的。巧借外力，助己发展，是每一个成功人士重要的做事原则。

有个很成功的商人，朋友无数，三教九流都有。他曾逢人就夸，说他朋友之多，天下第一，并且因人而异，加以利用。后来，有人问他，朋友这么多，他都同等对待吗？

他沉思了一下说：“当然不可以同等对待，要分等级的，要因人而异！”

他说，虽然自己交朋友都是诚心的，但别人来和他做朋友却不一定都是诚心的。在他的朋友中，人格高尚的固然很多，但想从他身上获取一点利益，心存二意的朋友也不少。

“对存有坏意、不够诚恳的朋友，我总不能也对他推心置腹吧？”这位商人说，“那样只会害了我自己。”

所以，在不得罪“朋友”的情况下，他把朋友分了“等级”，分别是“刎颈之交级”“推心置腹级”“可商大事级”“酒肉吃喝级”“嘻嘻哈哈级”

“保持距离级”等。和对方交往的密度和自己打开心扉的程度往往由这些等级来决定，因为不同的朋友有不同的作用。可以借助朋友的能力和特点，成就自己的事情。

在自己的力量不强大时，就要善于借助他人的力量，扛起有名望或有实力一方的大旗，寄人篱下，寻找靠山。在他人的大树下面开辟一片新天地，拉大旗，作虎皮。借助别人的力量包括借鉴他人的智慧、经验和才能成就自己的事业，以达到自己的目的。懂得借力发力的人，才能以弱胜强、以小胜大。

求人办事有技巧

当今社会，谁也不能不求人，谁也不会不被人求。求人办事要知足，别人能办多少就办多少，不要勉强别人办很难办的事。

世上没有办不成的事，只有不会办事的人。一个会办事的人，可以在纷繁复杂的环境中轻松自如地驾驭人生局面，凡事逢凶化吉，把不可能的事变为可能，最后达到自己的目的。其中的关键就是看你用什么方法、用什么技巧、用什么手段。

人生在世，不求人办事是不大可能的。既然有求于人，就难免在别人面前自觉低人一等，少不了看人脸色，讨好别人。如果事办不成，碰个软钉子还算不错。如果碰个硬钉子，碰了一鼻子灰，甚至鼻青脸肿，那就更惨了。

求人办事虽然是谁也不喜欢的事，但在人生中，不求人又几乎不可能。有时，即使是刀山火海，该求人时还得硬着头皮去求人。那么，求人办事时要注意哪些问题呢？一要创造一种气氛，让对方无法回绝；二要礼貌客气，让对方乐于接受；三要理解对方，让人有思考的余地；四要考虑所求事情的可行性，勿在决无可能的事情上花费不必要的精力。

以下是求人时应注意的几个原则：

第一，说三分，听七分。许多善于说话的人都强调“听”的重要性，因为只有善于倾听才能达到目的。听人说话的本意在于了解对方的心意，把握对方的想法和要求。而对方是商谈的主角，所以应让对方多说，以对方为中心，自己多听，从而更能掌握对方。

第二，注意对方发问的方法。要设法了解对方的情况，让对方多说而自己多听，适时发问，目的是表明对对方的肯定、赞赏，并引导对方进一步把话说下去。

第三，注意运用容易为对方所接受的说法。一句内容和中心思想完全一样的话，由于说法不同，产生的效果往往会有所不同。有的可能会让人觉得亲切、易于接受，有的则让人觉得生硬、难以接受。以推销为例，通常反复强调一种商品的优点未必能发挥太大的作用，因为不管什么商品，它的价值只有在使用之后才能显示出来，空洞的说服、宣传往往作用不明显。所以，应当主动向对方说明答应你的请求帮助你后会带来的好处。

第四，要创造一种气氛，让对方无法回绝。切勿贸然行事，让对方感到突然。求人办事，要想让对方痛痛快快地答应，营造一种让人痛痛快快的气氛是十分重要的。

第五，要礼貌客气，让对方乐于接受。切勿自以为是，让对方心有他想。一般人际交往，即使不求人，也要客客气气，以礼待人。

第六，要考虑所求事情的可行性。切勿在毫无可能的事情上花费不必要的精力。求人办事，有一个重要前提，即所求之事是通过努力能办到的。一些人求人时不考虑是否可行，便向别人提出请求，这是一种没有自知之明的表现。

第一次就把事情做对

“我们不一定知道正确的道路是什么，但不要在错误的道路上走得太远。”这是一条对所有人的重要告诫。

阿里巴巴网站董事长马云说过：“要想成功，第一件事就是选择一个正确的事，第二件事就是把这件事做正确。”“现代管理之父”彼得·德鲁克说过：“管理是一种实践，其本质不在于知，而在于行；其验证不在于逻辑，而在于成果；不但要正确地做事，更要做正确的事。”

任何时候，不要总是抱怨环境、抱怨周围的人和事。很多时候，我们该反省自己，改变自己做事的方式方法。每个人在社会上的角色不同，社会分工也不同。农民种地，工人做工，教师教书，不同角色承载着不同的义务。所以，无论是求人办事还是帮人办事，都得掂量一下自己的身份。社会地位变了，你的办事能力就会发生变化。一定要明白什么事不该办，什么事应该办，能办到什么程度，需采取哪种方法等。

再看看这样一个故事：

有一位作家在写作时，四岁的孩子吵着要他陪。作家很忙，便将一本杂志中的世界地图撕碎，对儿子说：“你先将这上面的世界地图拼完整，我就陪你玩。”

过了不到三分钟，孩子便拼好来找他了！

作家惊讶地问道：“你怎么可能这么快就拼好一张地图？”

孩子说：“世界地图的背面是一个人的头像。我反过来拼，只要这个人拼好了，地图就完整了。”

看来，做事情一定要先找方法。方法对了，事情也就好做了。在人的一生中，有些事是我们自己可以掌控的，你如何行动，是你自己的事情，你可以选择做也可以不做，但你都要为自己的选择负责。

我们常常被告知，不要去做没有把握的事情。然而，有篇文章《只做没把握的事》写道：“所谓十拿九稳的事情，往往是获得回报最少的事情。要做，就去做那些没把握的事——你觉得没把握，别人同样觉得没把握。但你做了，就有成功的可能；不做，就永远看着别人成功。”

风险与收益向来都是成正比的，投资是这样，生活也是如此……做没把握的事，也有可能取得成功。斯坦福大学企业管理硕士、台湾作家王文华，在很多领域都有自己的建树。当被问及为何总是如此精力充沛且保持斗志时，他的回答只有一句话：“我做的事，没一件是有把握的。”他认为，没把握的事情其实也能干好，为什么非得等到时机完全成熟了再去干呢？很多事情，机会成熟的时候，也就是竞争激烈的时候。为什么不在旁人还在观望的时候，自己先出发呢？

第一次就把事情做对，是很经典、很简洁的一句话。可是，要真正做到这一点可不容易。首先，这需要有非常充分的前期准备。其次，要有非常正确的各方面的资料和充足的资源，特别是敏锐、正确、智慧的判断力是必不可少的。归根结底，做事情的是人，执行事情的主体也是人！这是第一次做对事情的关键。

成败之间，往往就差那么一点点。失败，常常是因为我们不能把事情第一次就做到位；成功，往往从拒绝为不断纠错而付出昂贵代价的开始。我们没有时间去为昨天的错误而悲伤，我们更需要将昨天的错误降到最低；我们也没有时间观望明天，因为未来充满太多的不确定性。所以，我们唯一需要做的就是：掌控今天，立即行动起来，第一次就把事情做到位！

当然，谁也不能够保证每次都能做到这一点。这太难了，特别是各种关键性的决策中。若每次都能做到，那就没有“百密一疏”的成语了，也没有“失败乃成功之母”的经典了，也没有“一着错百般错”的后悔之词了，更没有“一着不慎，满盘皆输”的遗憾了。100%地做对，那几乎是不可能的事情，而且对与不对的判断标准有时候还不是自己说了算，也不是一两个人说了算。再说，在执行过程中难免会因为个人差异造成错误，特别是有的事情是失之毫厘，谬以千里。

攻心是最好的办事手段

练就识人的眼力，你就可以在人与人的交往中迅速准确地看透对方的心理，从而占尽先机，游刃有余地面对各种人生挑战。

《孙子兵法》说："攻城为下，攻心为上。"这是一条至高无上的原则，也是一切兵法的核心思想，更是做任何事情的关键理念。恰如许多传统的商人在商品的定价上都习惯于定位"在整数上差一点"，像0.99元、0.44元等。将价格定在0.99元比定价1元少不了多少，但顾客的感觉却是几毛钱与1元钱的距离，这是一种非常古典的定价方法。市场上的定价几乎都遵循这个原则，就是为了抓住顾客喜欢贪小便宜的心理。

现代社会瞬息万变，竞争激烈，每一位成员都扮演着不同的角色。一旦掌握了瞬间看破人心的本领，就能占尽先机，无往而不胜，成为生活的强者。

假如有一对夫妻去看房子，先生会对喜欢游泳池的太太说："你不要让业务员知道你喜欢，以免我们不容易杀价。"但若推销员已看出太太对游泳池的特殊喜好，如果先生说"这房子漏水"，推销员就会对太太说："太太，你看看后面有这么漂亮的游泳池。"如果先生说"这个房子需要整修"，业务员却只顾着跟太太说："太太，你看看，从这个角度可以看到后面的游泳池。"当业务员不断地说这个游泳池时，太太就会说："对！对！对！游泳池！买这个房子最重要的就是这个游泳池！"也就是说，一旦找到了关键点，你说服顾客的概率也会变大。

这个业务员用的就是攻心术，而攻心离不开察言观色。察言观色是一门学问，是一切人情往来中需要操纵自如的基本技术。不会察言观色，等于不知风向便去转动舵柄，不但成功无从谈起，弄不好还会在风浪中翻船。

不要把事情做绝

做事不留余地，就好比棋的僵局，即使没有输，也无法再走下去了。

在现实生活中，有些人昧着良心做事，不以德行处事，更无高尚兴趣寄托，结果四处碰壁，庸俗颓废，孤立无援。因此，做人要讲“良心”，社交要讲公德，不要把人际关系搞得太紧张、太复杂、太庸俗。待人处世，贵在适可而止，恰到好处。

华人经商楷模李嘉诚有句名言：“做事要留有余地，不要把事情做绝。有钱大家赚，利益大家分享，这样才有人愿意合作。假如拿 10% 的股份是公正的，只拿 9% 的股份，就会财源滚滚来。”

在与人交往中，若别人未能满足你的需求或做了对不起你的事情，切不可怀恨在心。要多看别人的长处，原谅别人的过错，理解体谅他人，真正做到得饶人处且饶人。只有这样，你的友谊之树才会长青，朋友才会遍天下。

泰山上有个黑龙潭，上临万丈绝顶，风光无限。每年都有一些人为了欣赏风景而掉落潭底。负责旅游的工作人员在绝顶边拉了一条铁链，名叫生死界。这就是在告诉人们，如果为了美的欲望跨线而出，就会有生命危险。生死之间，一线之隔。人生也应该有这样一条底线，跨越了这条底线就会走入歧途。

《红楼梦》中的平儿，虽是凤姐的心腹和左右手，但在待人处事方面，始终注意为自己留余地留后路，既没有犯凤姐所说的“心里眼里只有了我，一概没有别人”的错误，更不像凤姐那样把事做绝。平儿对于众人绝不依权仗势，趁火打劫，而是时常私下进行安抚，加以保护。一方面缓和化解众人与凤姐的矛盾，另一方面顺势做了好人，为自己留下余地和退路。凤姐死后，大观园一片败落，平儿却多次获得众人帮助渡过难关，终得回报。

历史的经验和文学名著中人物的结局都告诉世人一个道理，在待人处世中，万不可把事做绝，要时时处处为自己留下可以回旋的余地。这就像行车走马一样，你一下奔驰到山穷水尽的地方，调头就不容易；你留有一些余地，调头就容易多了。人们常说："做人不要做绝，说话不要说尽。""凡事留一线，日后好相见。"凡事留有余地，才能避免走极端。见好就收，是聪明人的做法。

把难办的事巧妙推出去

生活中，我们不可能不拒绝别人。但如果每次拒绝都带来隔阂，带来仇视敌意，那最后必将成为孤家寡人。所以，要学会巧妙拒绝，这样你在做人做事上才不会吃亏。

在这个世界上，我们毕竟不能独来独往。办自己的事情时，有时要涉及别人的利益。因此，我们在处理事情的过程中，必须全盘衡量，把握分寸，协调好各方面的利害关系。在争取我们自己利益的同时，绝不能伤害他人。

有些事情，不该办时就不能办，办了可能就违法、违情、违理，使自己或别人遭受名誉、经济或地位上的损害。当有人违背你的做人原则而托你办事时，你也绝不能贪图一时之利，而不负责任地答应他、纵容他，一定要慎重考虑可能引起的后果。如果有人想整治别人，编造假的事实，求你出面做伪证，或者有人想让你同他一起干违法乱纪的勾当，如果你不想与其同流合污，就应有勇气拒绝这类无理的要求。

另外，有人请你代其完成工作时，如你的同事把分内的工作往你身上推，此类情况都应拒绝。这是因为，形形色色的人们在社会舞台上都扮演着不同的角色，每一个人都有自己的责任和义务。如果他们不能完成任务，你为他们去分担责任，那你就是暗害他们，因为那样做会束缚他们的自信心，助长他们的依赖性。

李丽当上某银行人事处处长后，就忙了起来，很多人都登门来求她帮忙，这让她很是头疼。有一天，又有人来到李丽家，这次来的人是她的老同学。

“我儿子大学毕业几年了，工作一直不顺心，想换工作。所以，来找老朋友想想办法。”老同学开门见山地说。

“他学的是什么专业？”老同学把儿子的资料递给李丽。看过资料后，李丽知道自己帮不了，因为不仅专业不对口，这个孩子的外语水平也不行，这明显不符合银行的要求。但是，李丽也清楚，不能直接拒绝，否则就太不给老同学面子了。

“真是不巧，我们最近没有招聘人的计划。不过，你别担心，我认识一个朋友，他那里似乎在招人。”说完，李丽把朋友的联系方式抄了一份交给老同学。

虽然没有办成事，但那个老同学还是很感谢李丽。

的确，拒绝别人的要求是一件不容易的事，大家都有体会。而当别人要求你，你又不得不拒绝的话，更是叫人头痛。这是因为，每个人都有自尊心，希望得到别人的重视，同时也不希望别人不愉快，自然就难以拒绝了。不过，当你经过深思熟虑，知道答应对方的要求将会给你或他带来伤害时，那就应该拒绝，千万不要为了面子，做出违心的事来。否则，对双方都没什么好处。

当别人向你提出要求时，你也许有口难言，也许爱莫能助，或者因为对方的要求不合理，或者因为对方所求的事情不可行，从原则上、逻辑上讲都是应该直截了当地加以拒绝的。但在社交过程中，这个“不”字又不是那么容易说出口的。一旦拒绝不当，就容易令对方不快甚至恼恨。事实上，许多人就是因为拒绝不当而失去了朋友、得罪了领导、惹怒了合作伙伴。所以，掌握一点说“不”的艺术是很有必要的。

人都是有自尊心的。一个人有求于别人时，往往带着惴惴不安的心理。如果你一开口就说“不行”，势必会伤害对方的自尊心，引起对方强烈的反感，而如果话语中让他感觉到“不”的意思，从而委婉地拒绝对方，就能收到良好的效果。

当然，有时候，该说“不”时就说“不”。你是否有这样的经历，明明想对对方说“不”，却活生生地把这个字吞到肚子里，回家后越想越不对劲：“当时应该拒绝他的。”“我怎么这么没用，不敢说出真心话。”你自责不已、悔不当初，最后陷入不安与沮丧中，久久无法释怀。不是不敢向对方说“不”，而是因为你不想得罪人！但要知道，有时候人是必须选择拒绝的。当我们委屈自己让别人高兴时，对方却未必会用同等的好意来回报你，甚至已习惯“利用”你。你牢骚满腹、抱怨连连，那是你的事，谁叫你不选择拒绝对方呢？

的确，有时候说“不”并不容易。那么，到底该如何把握呢？这就要求我们必须在选择前，快速地算一算选择不同方向所需要付出的成本。如果说“不”的成本要远远小于不说，我们为什么不快点说呢？当一个人能够克服“不好意思拒绝”的心理，并具备“拒绝他人”的技巧时，由此而节省的时间将十分可观。当然，我们必须努力去做一个绝不说“不”的人。可是，当遇到别人不合理的请求时，我们是否也要委曲求全答应对方呢？这个时候，你千万不要因为不能说“不”而轻易地答应任何事情，而应该视自己能力所及的范围，千万不要明明做不到却不说，结果既造成了对方的困扰，又失去了别人对你的信任。

做人难，做事难，面对千难万阻，要提升自我，不来点“硬”的怎么行?如果事有勉强，应该敢于说“不”；如果是正当利益，则应当仁不让。甚至，有时还得来点霸王硬上弓，要有“脸皮厚”的时候，也要有“头皮硬”的时候。如果说爱是活在世上的一门最大的最重要的功课，那么拒绝就是这门功课里一个非常重要的章节。拒绝也是一种爱，爱自己，爱别人，免受更大的伤害。

脸皮厚点又何妨

成功之路原本艰辛，何必再给自己套上面子的枷锁负重而行。放下面子是一种智慧的选择。放下的是面子，舍弃的是心灵重负，得到的是幸福。

中国人最大的特点就是爱面子，我们无论做什么事都会考虑到自己的面子。俗话说："脸皮厚，吃不够；脸皮薄，吃不着。"今天看来，的确不无道理。中国是有着五千年文明历史的国家，两千年儒家文化的熏陶，让我们脑中有了这样的观念：宁可饿死、冻死，也不能让人家戳脊梁骨。多少中国人因为要"挣回面子"而奋斗成功，又有多少人因为"丢了面子"而丧志自杀！韩信能受得胯下之辱，却抹不开面子反叛刘邦。越王勾践能受得吴王夫差之辱，却不能容忍随从知道自己为奴之实。

爱面子的人，似乎总要比别人多受很多罪：因为爱面子，不得不打肿脸充胖子；因为爱面子，不得不放弃本该属于自己的东西；因为爱面子，不得不装出一副无所谓的样子，哪怕心中万分痛苦。

谁都希望自己在别人面前有尊严，被人重视，被人尊重。这种强烈的自尊自强意识着实可佳。但在新时代新形势下，仍然抱此观念不放，守着一张脸皮不放，那可就称得上是迂腐之人了。

有一位先生最近撒手西归了，其死因听起来不可思议。他是某企业的高级工程师，有才华却不谙关系学，一直和顶头上司闹得很僵。于是，人家随便找了个借口就把他"调整"下去了。他觉得相当没面子，猛灌了一通闷酒，谁知突发脑溢血，就这样带着满腹的懊恼走了。其实，他原本应该活得更滋润，因为在没被"调整"之前就有几个公司想高薪聘请他。而他的死，只不过因为面子问题，觉得自己在亲朋好友面前抬不起头来，越想心越窄，因而发生了这场原本不应该发生的悲剧。此公活得没有尊严，死也没有尊严，死无光彩，死得可怜，死得不值。

人要脸，树要皮。人要脸面，这原本没有错。但是，我们不能为了过分争面子，或逞强斗狠，或盲目攀比，最终落个死要面子活受罪的下场。生活在别人的标准和眼光之中，本身便是一种痛苦、一种悲哀。真正自信的人是不会背负面子的十字架的。这里所提的“厚脸皮”，并不是让我们要无赖，丧失尊严，而是希望我们在为人处世时，学会忍耐，学会等待时机，学会主动把握机遇。那些羞羞答答，不肯降低身价做事的薄脸人，在激烈的竞争中，肯定会陷入被动的境地。

办事不能一厢情愿

任何事情多替别人着想，少考虑自己的利益。你有了这样的心态，一定会过得很开心。

社会是非常复杂的，每个人的想法都不一样。有时，你为别人着想，做了一些好事，可对方并不领情。遇到这种情况，一定不要抱怨，要多从自身找原因，分析一下为什么好心不得好报，在社会生活的实践中不断增强善解人意的本领。另外，为人不能不拘小节。结识一个朋友很不容易，但得罪一个人却太容易了。有时，一些细节考虑不周，注意不够，就会给人留下不好的印象，对人际关系造成不利影响，如不重公德、不修边幅、不讲礼貌等。所以，朋友之间、同事之间，不能太随便了。当然，要把握好度，不能一强调谨言慎行，就什么话都不敢说、什么事也不敢做了。

有一个富翁，平生爱吃美味的食物。因此，他家的厨房不但大，而且人手多，每个人都有分内的工作，挑水的只管挑水，洗菜的只管洗菜，切菜的只管切菜，另外还有煮食的、烧柴的。这些厨房里的工人天天做着相同的事，日子一久，不免产生了厌烦心理，每个人都认为别人的工作新鲜有趣又容易。

有一天，富翁突发奇想，让大家都试试交换工作的滋味。交换工作后，只见一阵手忙脚乱，挑水的被刀子割破了手；煮菜的生火没生起来，却弄得一屋子烟；烧菜的挑水时不小心滑了一跤，摔了个四脚朝天；洗菜的则煮出一锅半生不熟的饭。饭没做好，每个人还挨了一顿责骂。从此，再也没人对工作不满了。

学会替别人考虑，学会换位思考，学会理解对方，这些道理很简单，很容易让人懂，但很多人却很难做到。而一个不愿意替别人考虑的人，最起码他是一个不会交流和沟通的人。要想别人对自己好一点，你就首先要对别人好一点。

看来，我们的生活中应多一些“换位思考”。男人多与女人换位思考，这个世界上男女相处就容易多了；夫妻换位思考，就会相互包容与欣赏；执法者与百姓换位思考，就不会出现相互对峙等不该发生的事情；老板与员工换位思考，就会同心同德谋求发展；家长与教师换位思考，学生才会健康成长；家长与子女换位思考，才懂得子女需要什么，老人又需要什么；同事之间换位思考，工作才能协调一致；商家与顾客换位思考，才会制定出更好的服务措施……我们都有被误解的时候，如果对此耿耿于怀，心中就会有解不开的疙瘩。如果我们能深入体察对方的内心世界，或许就能达成谅解。谅解是一种爱护，一种体贴，一种宽容，一种理解！

换位思考是人对人的一种心理体验过程。将心比心，设身处地，是达成理解的不可缺少的心理机制。它客观上要求我们将自己的内心世界，如情感体验、思维方式等与对方联系起来，站在对方的立场上体验和思考问题，从而与对方在情感上得到沟通，为增进理解奠定基础。它既是一种理解，也是一种关爱。

“红脸”“白脸”都要唱

人生没有十全十美，无论唱红脸还是唱白脸，都是你方唱罢我登场。这个人生舞台永远不缺主角和观众，缺的是一颗善良的心。

一家人有了孩子，孩子经常淘气不听话。父亲不耐烦，吼孩子：“你再不听话，丢你出去不要你！”孩子吓得“哇”地哭了。妈妈走过去抱孩子，哄他：“乖宝贝，到妈妈这里来。不哭啊，妈妈抱你坐车车啊！”她回头说老公：“那么大声干嘛？都吓着孩子了！”

孩子就在父母亲一个唱白脸严肃批评甚至打骂，另一个唱红脸安慰温柔呵护中长大。许多父母不是有意而为之，但长期形成了习惯，一个唱红脸一个唱白脸。

在成人世界里，何尝不是如此呢？在政治舞台、工作场所、朋友圈中，在家里，都有人不自觉地唱红脸或唱白脸。

红白大戏唱法多多，红白戏法变化多多。但万变不离其宗，只要你记住目标：既要得人情，又要得实惠。这样一来，红脸、白脸的面具就可以随便更换。红脸变白脸，白脸变红脸，光有一身厚脸皮的功夫是远远不够的。成功的“红白戏法”离不开成功的谋划设计，要善于找说法、搭架子、卖关子，戏法才能变得有声色，才能滴水不露。

如果一个管理者任何时候都是唱红脸，没一点脾气和性格，就很容易被下属架空，到最后你唱白脸的时候已经不管用了；而什么时候都是冷冰冰的，让下属认为你不近人情，久而久之，你就无法真正地和下属进行沟通，也不会听到真心话。所以，一个管理者要把握好那个度，到底什么时候唱白脸、什么时候唱红脸，就看你临场把握了。

没有人给你分配角色，一切由性格决定。那些急性子性格暴躁沉不住气的人，遇到不爽的事情，自然会跳起来扮演白脸角色，正面发生冲突痛痛快快吵一架，那些老谋深算的心机深沉的人默不作声，在你暴怒的对象面前依然赔笑，自然扮演了红脸角色。

通常职场中唱白脸的为性情中人，反而不在背后打小报告或背后插刀；唱红脸的则人前很忍让，背后牢骚怪话一大堆。唱白脸通常在仕途上遇到的坎坎道道会多一些，因为性情直爽，容易得罪人。唱红脸的笑呵呵什么都可以容纳的样子，往往更受人欢迎。唱白脸的内心坦荡些，发泄出来不用负担太多的内心压力。唱红脸的内心装得太多、心累，不利于健康。当然，这也是相对而言，并非定论。

一个唱红脸、一个唱白脸，又称红白脸策略，是指在商务谈判过程中，以两个人分别扮演“红脸”和“白脸”的角色，或者由一个人同时扮演这两种角色，软硬兼施，使谈判的效果更好。

掩藏好自己的意图

为了达到高尚的目的，不露声色，假装糊涂，乃是行之有效的方法。

老子曰："良贾深藏财若虚，君子盛德貌若愚。"精明的商人总是隐藏其宝物，君子品德高尚，而外貌却显得愚笨。这句话告诉我们，要藏其锋芒，收其锐气；不能不问情况，让别人将自己一览无余，而要掩藏好自己的意图。唯有如此，才能获得成功。

古代有这样一个故事：

河东太守王邑被调走了，卫固、范先以请王邑回河东为名，与并州高干暗中往来，欲举兵反叛曹操。曹操知道后，对荀彧说："河东山川险峻，为天下的要地。落入卫固等人手中，为害必深。请你替我举荐一人，派去镇抚。"荀彧说："镇抚河东，杜畿可以去。"曹操便委任杜畿为河东太守，前去执政。

杜畿上路了。但未等他到河东境界，卫固等人已得到消息，派几千人守住陕津，不让杜畿入境。有人对杜畿说："应带大兵前去征讨。"但杜畿却另有考虑。他说："河东有 3 万百姓，并非都是叛乱之人。如果以大军进攻，高压之下，原来一心向善之人也会因为恐惧而听从卫固。卫固控制了百姓，必然拼命死战。在这种情况下进攻征讨，如果不能取胜，则会引致附近各地的动乱，天下便永无宁日；如能侥幸获胜，也会对河东之民多加杀戮，同样不是什么好事。现在，卫固等人并没有公开叛乱，他既然以回请王邑为名，对曹操派去的新官暂时不敢加害。卫固虽然足智多谋，却优柔寡断。如果我单身前往，出其不意，他必然假意接受我为太守。我到了河东，只要有 1 个月的时间，设计算计他就已足够了。"杜畿于是秘密渡河，进入河东境内。

杜畿到任后，范先想要杀杜畿立威。为了观察杜畿的内心去向，便先杀了主簿以下 30 多人。杜畿不为所动，举动自如。卫固于是说："杀了他没有什么好处，只会给我们招来滥杀无辜的恶名，而且他已经被我们所控制，不如就留下他来做太守吧。"这样，杜畿正如他所预料的那样，被卫固等人奉为太守，暂时没有了性命之忧。

保全性命之后，杜畿开始设计了。他对卫固、范先等人说："你们是河东的希望所在，我只有仰仗你们才能办成大事。所以，以后如有什么事，请大家一起商量，出谋划策。"便任命卫固为都督，处理一般行政事务，范先则率领士兵，共有3000多人。卫固等人心中高兴了，表面上侍奉杜畿，实际上却认为杜畿没什么了不起，不以为意，放松了对他的防范。

后来，卫固要公开起兵反叛了。杜畿非常担心，便劝卫固说："要想做成大事，首先不应让老百姓心乱。你现在要起兵，老百姓担心你要征兵役，必然民心大乱。所以，不如现在用钱招兵买马，等兵马足够了，再起兵不迟。"卫固不知杜畿的真意，还认为他说得很对，便依计而行。这一拖延，几十天已经过去了。而卫固的部将们贪婪财物，把招兵买马的钱私吞了很多。因此，卫固钱花了不少，兵却招来不多。

后来，杜畿又假作好意地对卫固说："每个人都恋家，诸位将军兵吏久在外地，恋家之心必然更大。现在郡中无事，可以让他们轮流回家探亲休息，有事再召回来就行了。"卫固怕伤了大家的心，又听从了杜畿的意见。杜畿于是暗中联络知己，私下准备。结果是他的朋友们已散至各地，等待时机；而卫固的心腹们却都回家安乐，被遣散了。

这时，反叛的高干攻入护泽，白骑进攻东垣，上党诸县、弘农郡也都发生叛乱。卫固认为时机已到，便召集家中的将士起兵反叛，却没有多少人回来。杜畿看到各县已经归附了自己，民心已定，便率领几十人离开郡府，至张县拒守。吏民多拥城自守，以助杜畿。几十天内，杜畿便得到了4000多人的兵马。高干、卫固等人汇兵围攻杜畿，但由于杜畿已得民心，始终未能攻下张县。后来，曹操的大兵到了，高干败走，卫固被杀，河东郡轻易便平定下来。

先哲道："觉人之诈不形于言，受人之侮不动于色，此中有无穷意味，亦有无穷受用。"此话说得何等精辟！当我们发觉被人欺骗时，不要立刻说出来；当我们遭受人家欺侮时，也不要立刻怒容满面。一个人能够有不动声色、吃亏忍辱的胸襟，在人生旅途中自然会有无穷的意义和妙处，而且对自己的前途事业也会大有裨益，一生受用不尽。

不花钱也能办成事

只要做事做到点子上，不花钱照样能把事办成。

一般来说，当今生活中比较崇尚花钱办事的观点。当然，这是一种正常的思维，因为想要寻求他人的帮助，就一定要想到怎样去回报这个帮助你的人。说白了，也就是要用钱来表示一下。

不花钱还能办成事，可能吗？现实吗？也许有人会这样问。但是，为什么办事就一定得花钱？再往下想想：作为办事的条件，就只能是金钱吗？花钱办事是最好的方式方法吗？其实，用来交换的东西有很多，就看你会不会运用了。一个真正成熟的懂得办事技巧的人，总是在这点上寻求与众不同，也就是不花钱照样办成事。

现代社会，要想得到领导的赏识、同事的赞扬，不能光靠请客送礼，更要靠自己勤恳的做事方式。不能大事做不了，小事又不愿意做。现在，就业形势十分严峻。没有“背景”，没有“靠山”，又没有一技之长的大学生，是很难找到一份很好的工作的。但是，如果在工作中踏踏实实地从小事做起，表现出众，不用给领导“请客送礼”，也照样能获得升职。

曾经就有一个没有任何“背景”的年轻人，大学毕业后去了一家小公司工作。单位里的领导和同事大多是中年人。他几乎每天早晨都是提前半小时到单位，打水，打扫卫生，搞得干干净净、利利索索。领导和同事们深受感动。他是一个聪明的小伙子，不仅人品好，业务能力也很强。他把身边的每一个人都当成自己的朋友，并通过自己的真情感动他们。这个年轻人得到同事的一致拥护，后来被领导重用，提升为部门经理。

由此可知，办成事不光是钱多钱少的问题，关键要看你办的事是不是合乎对方的心思。对了，少花钱、不花钱照样办成事；做不到点子上，钱再多也是白搭。

实际上，许多白手起家的成功者都用自己的实际行动证明了“不花钱照样办成事”这一理念。许多亿万富翁也是白手起家的，他们一开始给别人打工，细心学习，积累经验，广交朋友，然后才开始自己干。那时，自己没有资金，靠着好的人缘，让别人赊给他货，从而一步步壮大起来。

软磨硬缠，以“诚”感人

“磨”“缠”在说话办事中有着神奇的魔力，这种方法看起来有些不可思议，但有时只有这样才能办成大事。

有些人脸皮太薄，自尊心太强，禁不住人家首次拒绝的打击，只要前进一受阻，他们就脸红，感到羞辱气恼，要么与人争吵闹崩，要么拂袖而去，再也不回头。看起来，这种人很有几分“骨气”。其实，这是过分脆弱的自尊，导致他们只顾面子而不想千方百计达到目的，这样对自己没有好处。我们在求人办事时，既要有自尊，又不要过分自尊。为了达到交际目的，有时脸皮不妨厚一点，碰个钉子，脸不红，心不跳，不气不恼，照样微笑着与人周旋。只要还有一丝希望，就要全力争取。

宋朝的赵普曾做过太祖、太宗两朝皇帝的宰相，他对朝廷的忠诚和政绩都是十分明显的。他是一个勤恳的高级行政官员，学问方面却比同级官吏稍差些。他登上宰相职位后，其不足的方面被太祖察觉。一天，他与太祖议政后，太祖温和地劝他多看一点书。从此以后，赵普手不释卷，退朝以后就把自己关在书房里读书。他一生全力投身于政治，以辅佐宋朝治理天下为己任，是个不可多得的名相。

有一次，赵普向太祖推荐一位官吏，太祖没有允诺。赵普没有灰心，第二天临朝又向太祖提出这项人事任命，请太祖裁定，太祖还是没有答应。

赵普仍不死心，第三天又提出来。连续三天接连三次反复地提出，同僚也都很吃惊，赵普何以脸皮这样厚。太祖这次动了气，将奏折当场撕碎扔在地上。

但赵普自有他的做法，他默默无言地将那些撕碎的奏折一一捡起，回家后再仔细粘好。第四天上朝，话也不说，将粘好的奏折举过头顶立在太祖面前不动。

太祖为其所感动，长叹一声，只好准奏。

赵普还有类似的故事。

某位官员按政绩已该晋级，身为宰相的赵普上奏提出。但因太祖平常就不喜欢这个人，所以对赵普的奏折不予理睬。

但赵普出于公心，不计皇上的好恶，前番那种坚忍的表现又重复起来。太祖拗他不过，就勉强同意了。

太祖又问："若我不同意，这次你会怎样?"

赵普面不改色地说："有过必罚，有功必赏，这是一条古训，是不能改变的原则。皇帝不该以自己的好恶而无视这个原则。"言外之意也就是说，你虽贵为天子，也不能用个人感情处理刑罚褒赏的问题。这话显然冲撞了宋太祖，太祖一怒之下拂袖而去。

赵普死跟在后面，到后宫皇帝入寝的门外站着，垂手低头，良久不动，下决心皇帝不出来他就不走了。据说，太祖为此非常感动。

"磨""缠"是一种特殊的办事术，它能以消极的形式争取积极的效果，可以表现自己不达目的不罢休的决心与毅力，给对方施加压力，也可以增加接触机会，更充分地表明自己的态度、思想和感情，以影响对方的态度，实现求人的成功。值得注意的是，运用此法要有分寸，超过了限度，伤害了对方的感情，反而会得到反效果。所以，要谨慎处理，以不过度为限。

既要靠自己，也要靠别人

人作为社会群体的一部分，不是单独存在的。完全不靠别人，就没有多少机会；自己不努力，有机会也抓不住。

每一个人都志在成功，但在这个竞争日益激烈的社会里，仅凭一己之力是远远不够的，你还必须依靠他人的力量、众人的智慧，使自己的生活和事业走向成功。

香港珠宝大王郑裕彤，由于生意发展的需要，准备兴建一个规模齐全、现代化水平一流的会议及展览场所，总面积达40.9万平方米，包括一座高55米的会议展览中心、一幢豪华住宅楼和两幢酒店。从1984年年底论证、筹划、达成协议以来，一切都在按部就班地进行。

这样的一个大手笔自然引起社会各界的广泛关注。可令人不解的是，为什么郑裕彤迟迟不肯下令动工呢？以郑裕彤的珠宝生意和新世界中心等地产生意来说，可谓资金雄厚，资金自然不是问题，且与港府方面的协议也早已签订。万事俱备，现在还欠哪股“东风”呢？

就在外人纷纷为此猜测不定的时候，郑裕彤的“司令部”内已经开始了似乎是临战前的紧张状态。手下人四处奔走，连郑裕彤也经常往返于公司与香港机场。

谜底终于揭晓，却大出人们的意料——郑裕彤宣布的开工日期恰恰是英国女王来访的同一天。

郑裕彤竟敢拿自己的开工奠基仪式与英国女王的来访争锋？这老头被胜利冲昏头脑了吗？

大家知道，女王来访在香港可不是一件寻常的小事。香港当时仍属于英国的殖民地，女王是英国的最高元首，访问香港虽说不是百年不遇，但也是难得一次。更何况这次来访的时间，是在中国和英国已经就香港1997年7月回归中国达成协议之后。虽不敢说这是英国女王对其殖民地的最后一次访问，但也必定会对香港的未来产生重要影响。所以，这次出访肯定是世界上最重要的新闻热点。届时，英国的电视、电台、报纸等机构的大批记者将会蜂拥而至，其他国家像美国、日本及中国大陆等地的记者也会跟踪采访报道，新闻热点肯定会被吸引到这边来。单单挑选这么一个时间来开工，与女王唱对台戏可没人敢操胜券。

当好心的朋友担心地问起郑裕彤开工的事时，他只是笑而不答。

郑裕彤对外界的种种传言与猜测置若罔闻，镇定地指挥手下加紧做开工奠基的准备工作。

准备工作就绪后，香港国际会议展览中心奠基的日子到来了。这一天，天气格外晴朗，郑裕彤的职工们个个身穿礼服，精神振奋，奠基现场的大幅标语早已张挂起来，各种彩色气球飘荡在蔚蓝的天空，隆重、热烈的气氛洋溢在现场。

可是，英国女王这时已经莅临香港，港府的官员们全都迎接女王去了，新闻界记者们也都去了，全港所有人士的目光都集中在女王身上，有谁会来注意这块尚未开发的地方呢？除了郑裕彤，有谁会对这儿更感兴趣呢？

奠基仪式开始的时间马上就要到了。这时，最后的谜底才对世人打开——女王伊丽莎白二世也来参加奠基仪式了！她亲自用铁锨为中心铲下了第一锹土。

在场人士无不欢呼雀跃，以一睹女王仪容为快。各路记者纷纷用手中的摄像机、照相机或笔，记录下了这令人激动的时刻。全世界的电视观众、广播听众和报刊读者都知道了女王的举动，也都知道了香港国际会议展览中心和郑裕彤。

现在，大家都清楚借光的意思了，利用辉煌的贵人之“光”，提高自己的知名度，扩大影响。这种策略在关键时刻能影响一个人的命运。

第五篇

搞定人，必须广结人缘

善于结缘，多交朋友，才能使自己有更大、更自由的生存和成长空间，从而在人际交往中左右逢源，少树劲敌，使自己少受外界的冲击，少受一些干扰。广交人缘，关系通了事情就好办了。

第一次见面就让别人记住你

初次见面就让别人记住你，并不是一件容易的事。给人留下良好的第一印象，是今后成功的基础。

万事开头难，做人、做事也是如此。一个人存在于这个纷繁复杂的大千世界中，本就不是一件易事。若要想让自己能在别人的心里、脑海里留下一些鲜亮的记忆，就更显艰难。

首先，就是恰如其分地介绍自己。

大家都知道，初次见面，人们都有一种了解对方，并渴望得到对方尊重的心理。这时，如果你能及时、简明地进行自我介绍，不仅满足了对方的渴望，而且对方也会以礼相待地自我介绍。这样一来，双方以诚相见，就为进一步交往奠定良好的基础。而且，在参加社交集会时，主人不可能把每一个人的情况都介绍得很详细。为了增进了解，你不妨抓住时机，多做几句自我介绍。

这样的时机有两种：一是主人介绍话音刚落时，你可接过话头再补充几句；二是如果有人表示出想进一步了解你的意向时，你可做详细的自我介绍。

其次，就是交谈。

在觥筹交错、精英云集的交际会上，你怎么可以让别人认为你是一个沉默寡言的人呢？不要说这里没有你所熟悉的人，其实有些看起来很亲昵的人很可能也是刚刚认识的朋友。所以，只要你勇敢地说出第一句话，你就已经成功了一半。

你可以这样做，你先观察一下身边的人或者你感兴趣的人，看看他们是否有比较特别的地方。比如，有异国风情的配饰，或是一款你也非常青睐的手表。谈论这些细节，很可能会立刻吸引他们的兴趣。聊天的话题最好选择节奏感比较轻松明快的，开心的一笑会瞬时拉近你们之间的距离。

当你遇到自己感兴趣的人时，为了给人们的第二次见面做好铺垫，你不妨直呼他的名字，说点无伤大雅的笑话，讲点轻松的小故事，这样就会给彼此留下轻松和谐的印象。

但要注意的是，交谈中尽量不要提出一些只能让人回答是或不是的问题。如果是这样的话，那你等于在扼杀你们的谈话。所以，你应该给他人或自己留下展开话题的余地。而且，不要说出太随便的话，否则很有可能会冒犯到你新认识的朋友，使得你之前所做的努力全部报废。

因此，在第一次见面中，你应注意以下几点：

第一，要有自信心。在日常交往中，有些人怕见陌生人。见到陌生人，似乎思维也凝固了，手脚也僵硬了。本来伶牙俐齿的，却变得说话结巴；本来笨嘴笨舌的，嘴巴就更像是贴上了封条。这种状况怎能有一个好的交际圈子呢？要克服这种胆怯心理，关键是要自信。有了自信心，你就能谈吐自如，思路清晰，给别人留下好的印象。

第二，要真诚自然。有人把交际称为自我推销。既然推销产品时需要在"货真价实"的基础上做宣传，那么推销自我时也不能不顾事实而自我炫耀。因此，在交流沟通时，最好不要用"很""最""极"等极端的词汇，给人留下"狂"的印象。相反，真诚一点、自然一点的交流，往往更能使自己的特色闪闪发光，引起人们的注意。

第三，要考虑对象。语言交际总是双向的，既有说的一方，也有听的一方。因此，说话的人就不能一厢情愿地想说什么就说什么，而要从对方的年龄、职业、思想、性格等不同特点出发，要说恰当的话，即所谓"对什么样的人说什么样的话"。比如，有个小朋友读过作家冰心的不少文章，很敬重她。有一次见到她，这个小朋友问："冰心奶奶，您今年几岁了?""几岁"是问小孩子的话，用问小孩子的话来询问一个德高望重的老奶奶，显然不得体。如果换成"您多大年纪了"，就比较得体了。

成为永远受欢迎的人

能够发展成功的人，从做人上来说也是成功的人，因为他必定是一个受人欢迎的人。

无论是在生活中还是在工作中，我们都希望自己能成为一个受欢迎的人，希望自己被别人喜欢和爱戴。我们希望别人看重自己，觉得自己受重视和被珍爱。我们也都希望自己有许多知心朋友，跟我们一起分享快乐、分担痛苦。

许多书籍和文章也都告诉我们怎么取悦别人，以便得到别人的喜爱。可是，这些让别人喜欢自己的方法，大多都是教给你怎样把自己变得讨人喜欢。所以，大多主张在生活中要顺从别人，不要攻击别人，并且多说一些别人想听的话。和同事相处的时候，要表现得世故一些；和老乡在一起，则要尽量平实一些。

如果这么做了，你可能会暂时讨人喜欢，但不可能长久，因为你在讨人喜欢的过程中失去了你自己。因此，过一段时间，你可能会发现，你的交往范围扩大了，而你自己却感到越来越孤独。所以，以失去自我为代价去取悦别人，而让别人来喜欢你，并不是最好的方法。

要使自己成为一个受欢迎的人，正确的办法就是培养自己喜欢的特质。你之所以是你，就是因为你有自己特殊的东西。这些特质对你而言是相当珍贵的，如果你真的希望某个人做你的朋友的话，他就应当喜欢你的这些特质。所以，千万不要为了给别人留下某种印象而去一味迎合别人。那样的话，你不但会失去成功的机会，有可能还会失去你想要的一切。

因此，以下几点是你要特别注意的：

第一，喜欢真正的自己。你必须真正喜欢你自己真正的样子，这就是要使自己成为一个受人欢迎的人的基础。

第二，学会独处。你可能觉得惊讶，但这与如何受别人喜欢并不矛盾。一个人如果不能和自己好好相处的话，又怎么能期望别人和你好好相处呢？

第三，培养一种能将别人视为一个独立个体的能力，并欣赏这种差别。要讨好别人，得先学会怎么让别人讨好。我们每个人都有不同的特点，足以让人尊敬和钦佩。但你只有找出每个人独特的地方，才能与他和谐相处。否则，你很难欣赏别人的特点。

第四，培养你的享乐能力。你放慢自己的脚步，好好品尝一下自己所做的事情。同时，尽量让自己参与周围发生的事情。如果事事都做旁观者，你就会觉得自己并不重要，周围的事情也不重要。然后，期待一切愉快事情的发生。如果真的发生了，就好好庆贺一番，继续强化你愉快的感觉。

第五，不要讥讽任何人。如果你事事讥讽别人，你可能就会觉得世界上的人都以自我为中心，都只顾自己的利益，而且会认为世界上没有一个人是真诚的、宽容的。每个人都想占别人的便宜，一点也不想付出。比讥讽本身更糟的是，你得继续用讥讽掩盖你的这种违反道德的行为，直到你对整个世界、整个人类都嗤之以鼻。

第六，勇敢地面对他人的不同意见。对你重要的事情，如果你和别人持相反的意见，就准备面对他们。这对你了解自己的目的和别人的认同很有关系，也让别人知道你具有坚强的信念和强烈的感觉。否则，你就很难成为一个受人喜欢的人。

第七，学会感受和关怀别人经验的能力。尝试培养感受别人的经验和关怀别人经验的能力，这将会使你的生活更丰富，和别人的生活建立一种更密切的关系，也会使你更可爱。

第八，学会分享朋友的快乐。同情别人的悲伤，这一点我们大多数人都会，但只有天使才会与别人分享快乐，因为他不嫉妒别人的快乐。所以，你一定要培养这种特质。

总之，你是自己创造的，你可以把自己塑造成理想的自我。你不要把自己看成是别人生活的牺牲品，也不要把别人看成是牺牲品。你与别人一样，都享有同样的自我创造能力，这种能力会使你和别人同样可敬。

使你周围的人觉得自己很重要

只要满足了别人的愿望，使他们觉得自己重要，你就能很快走上成功的大道。

西方哲学家威廉·詹姆士说："人类本质里最深远的驱动力是希望具有重要性，人类本质中最殷切的需求是渴望得到他人的肯定。"所以，正是这种需求使人类有别于其他动物，产生了丰富的人类文化。

我们生活中的每一个人，无论他是默默无闻还是身世显赫，也无论他是文明人还是野蛮人，无论是年轻人还是老年人，无论是你面前钉鞋的师傅还是居委会管事的大妈，抑或是大街上蹬三轮车的人，人人都有一种成为重要人物的愿望。即使是一个小孩子，他也会用自己的形式提醒人们，关注他的存在。

因此，我们在各类广告中，也都能看到这样的字眼："聪明的人都会使用……""鉴赏力高超的人士都会使用我们的……""想成为人人羡慕的对象，就要使用……""专门为那些被女士羡慕、被男士欣赏的贵妇而准备的……"这些广告语都在不断地告诉你：购买了这种产品就会成为被人们注目的人物，使你感到心满意足。

可令人遗憾的是，我们中的绝大多数人实际上根本不可能成为令人注目的公众人物。你想，一个村妇会因为使用了某个美容产品就变成贵妇吗？一个傻子会因为用了某种产品就让人羡慕吗？根本不可能。而且，购买某种产品的人也未见得都是聪明人。这些广告只是利用了人们希望成为重要人物的愿望，而大赚钱财而已。

所以，要打动人们内心的最好方法就是你要巧妙地表现出自己衷心地认为他们很重要。

那么，我们在生活中究竟应该怎么做，才能满足别人的这种愿望呢？

我们大多数人做理论探讨时常常夸夸其谈，但在实际生活之中，往往会忽略一些重要的东西，如"每个人都希望成为重要人物"这个观念。在我们的生活中，我们听到最多的就是“你算老几”“你算个什么东西”“你说的话分文不值”“你不过是个普通人”之类的话。

人们之所以要如此对待他人，伤害他想成为重要人物的想法，是因为大部分人看到别人尤其是那些似乎无关轻重的“小人物”时，总是在想：他对我来说无所谓，他不能帮我什么，因此他并不重要。

也许那个人现在可能对你不重要，但也许某一天、某个特殊的时候就显得重要了。事实上，每个人，不管他的身份多么微不足道，地位多么低贱，薪水也少得屈指可数，但他对你都是很重要的。道理很简单，就仅仅因为他是个人。所以，当你满足了他的愿望，使他意识到他对你很重要时，他就会更加卖力，对你会加倍地友好。

曾有一位公共汽车司机，他是个脾气异常暴躁的大老粗，曾经几十次、几百次地甩下再有两秒钟就可以赶上的乘客。所以，他的口碑极差。

但是，他却对一位跟他无亲无故的乘客特别关照。不管多晚，这位司机一定会等他上车。为什么呢？就因为这位乘客想办法使司机觉得他自己很重要。

那位乘客每天早上上车时，都会跟司机打个招呼：“早上好，先生。”有时他会坐在司机旁边，跟他说些无关痛痒却很中听的话语。例如，你开车的责任很重呢！你开车的技术很好！你每天都在拥挤不堪的马路上开车，真有耐心！真了不起！于是，这位司机就被他捧得飘飘欲仙。这位司机也有想成为一个重要人物的愿望，而他却给了他极大的满足。所以，这位说他好话的乘客自然就被另眼看待了。

如果你能像那位乘客一样善待每一个人，能够满足他们成为一个重要人物的愿望，并且长期坚持下去的话，你就会在你的事业上取得成功。你如果是个销售商，顾客会向你买更多的东西；如果你是个老板，你的员工就会更加努力地工作；如果你是个员工，老板也会更多地照顾你。

所以，要尽力使你的同事、顾客、孩子、丈夫或妻子，也就是任何一个跟你亲近的人，都觉得你确实是很需要他们的。真的，这种满足别人成为重要人物的愿望，就是我们成功“百宝箱”里的一件法宝。

最后，为了使你能更好地实施这个计划，以下两件事情你千万要记住：

不要傲慢自大，不要有非分要求。傲慢自大只能使大家更远地离开你，而你有非分的要求则会把别人给吓跑。

不要忘记对别人表示真诚的谢意。一般来说，人们是很乐意帮助别人的。可是，唯有在他感觉到这样做很值得，而且你也会很感激的时候，他才会继续下去。相反，如果你不表示感谢，就等于你仍然无视他的存在。

做人要方，做事要圆

方是做人的脊梁，圆是处世的锦囊。方是以不变应万变，圆是以万变应不变。

清朝的铜钱，大家见过吧：一枚圆圆的小钱，中间透着棱角分明的小方孔。铜钱给我们的启示是：做人就要外圆内方。方就是做人的正气，具备优秀的品质；圆就是处世老练、圆通，善用技巧。正如人走路，直走不行，就可以想办法绕过去。一个人要是过分地方方正正，就像生铁一样，一拗就容易断。但一个人如果八面玲珑、圆滑透顶，总是让别人吃亏，自己占便宜，久而久之，谁还愿意和这种人打交道呢？这种人自然也是失败者。做人、做事必须方外有圆，圆中有方，外圆而内方。

人活在世上，无非是面对两大世界，即身处的大千世界和自己的内心世界。人，一辈子无非是做两件事——做人和做事。怎么做事和怎么做人，从古到今都是人类探讨的问题。多少人一辈子都在哀叹做人难，难做人，人难做。但是，一枚小小的铜钱却将一切变得那样简洁，那样明白。

先说方，做人要方，就是说做人要懂规矩，绝不可以乱来，绝不可以越雷池一步，这个理在中国已经流传了上千年。中国人常说，“没有规矩不成方圆”，“有所不为才可有所为”，这就是“方”的道理。

每一个行业都有自己绝不可以逾越的行规。比如，做官就要奉守清廉的原则，从一开始就做好承受清贫的思想准备，就像曾国藩家训“八不得”中的一条“为官要清，贪不得”一样。如果做官开始的动机就不纯或慢慢变质，企图以权谋私或权钱演变，那这个官就一定当不好，当得不顺利，也不会当长远。

做人要方，就是要我们在礼尚往来中学会以心交心、以诚换诚；要我们在和睦相处中学会以礼交礼、以仪换仪；要我们在谦虚谨慎中学会以真交真、以纯换纯；要我们在光明磊落中学会以善交善、以孝换孝；要我们在风雨共济中学会以义交义、以仁换仁；要我们在舍生取义中学会以名交名、以命换命；要我们时刻都要记得大大方方、明明白白地对人；要我们时刻都要记得率率真真、亲亲切切地待人；要我们时刻都要记得亮亮堂堂、方方正正地为人。例如，清朝雍正时期的田文镜，是个有名的“铁公鸡”。他办事一丝不苟，事无巨细。还有乾隆时期的纪晓岚，都是方正做人的典范。

中国人做事，爱讲究圆，圆通，圆顺。圆，意味着好，意味着熟，意味着美，还意味着快乐。所以，人人都觉得圆才是最好的，不缺失，很完美，还周全。在我们的脑子里，事要做圆满，最好方方面面都能照顾到。

有一个农村小姑娘，在某个大城市的一户人家当保姆。一天早晨，她起来做饭的时候，在房门口捡到了五元钱。她想，肯定是主人不小心掉下的，就随手放到客厅的茶几上。晚上的时候，女主人把钱收了起来。谁知，第二天又是如此，而且数额增大，竟然是一张二十元的。这下小姑娘觉得奇怪了，怎么会这样，莫非……想到这里，小女孩留了个心眼，把钱揣到了自己的衣袋里，等到傍晚的时候，趁女主人下楼锻炼的机会，把钱放到楼梯上，准备测试女主人一下。令人没想到的是，当女主人看到钱时，就毫不犹豫地揣进了自己的腰包。这个过程被有心的小保姆看得一清二楚。当主人问小保姆有没有看见二十元钱的时候，小保姆证实了自己的猜测，知道主人是在考验她，也可以说是在侮辱她。但她不慌不忙地问女主人，您刚刚上楼的时候不是在楼梯上捡到了吗？女主人听到“楼梯”二字，像是触了电一样，尴尬得一句话也说不出来。

小保姆利用圆的策略，既维护了自己的尊严，又对女主人进行了有力的反击，一劳永逸。

做人要方，做事要圆，就宛如一对孪生兄弟（姐妹）那样，总是“形影不离地相亲相爱着”，并且还相互迁就着彼此而心心相印地奋发图强。如果我们不懂得做人要方，就不会懂得做事要圆。这是一个“水乳相融的大容器”，谁也脱离不了谁。只有我们做人做到方，才能做事得到圆。

让怨恨转个弯

以恨报怨，怨恨就无穷尽；以德报怨，怨恨就会化解无存。一个人应该得饶人处且饶人，绝对不能抱着一种仇恨、愤怒的态度去斤斤计较。

俗话说："世事洞明皆学问，人情练达即文章。"中国人自古就讲究做什么事情都有一个"度"，掌握一个恰到好处的分寸。

在现实生活中，有些人昧着良心做事，不以德行处事，更无高尚兴趣寄托，结果四处碰壁，庸俗颓废，孤立无援。因此，做人要讲"良心"，社交要讲公德，不要把人际关系搞得太紧张、太复杂、太庸俗。待人处事，贵在适可而止，恰到好处。

与人交往中，若别人未能满足你的需求或做了对不起你的事情，切不可怀恨在心。要多看别人的长处，原谅别人的过错，理解体谅他人，真正做到得饶人处且饶人。只有这样，你的友谊之树才会长青，朋友才会遍天下。

美国第三任总统杰斐逊与第二任总统亚当斯从竞争对手到朋友就是一个生动的例子。

杰斐逊与亚当斯都是开国元勋，在各州有各自的支持者，两人也都不愿为了拉拢选票附和投票者的想法。最后，亚当斯以三票领先的微弱优势战胜杰斐逊。按照当时的宪法，杰斐逊充任亚当斯的副总统，两人又开始了矛盾中的合作之路。

在亚当斯的第一任四年任期即将结束时，杰斐逊和亚当斯又一次面临总统竞选。当时，美国和法国之间的战争一触即发。亚当斯知道，只要两国开战，"亲法"的杰斐逊必将丢掉选举。但是，亚当斯也知道，战争将可能给成立不久的联邦政府以毁灭性的打击。亚当斯于是竭尽全力避免了一场战争，但他却放弃了选举。

杰斐逊在就任前夕，到白宫去想告诉亚当斯，他希望针锋相对的竞选活动并没有破坏他们之间的友谊。但据说杰斐逊还来不及开口，亚当斯便咆哮起来："是你把我赶走的！是你把我赶走的！"

接下来的日子，亚当斯回到麻省，重新开始了农夫生涯。杰斐逊和亚当斯几十年不相往来。直到后来杰斐逊的几个邻居去探访亚当斯，这个坚强的老人仍在诉说那件难堪的事，但接着冲口说出："我一直都喜欢杰斐逊，现在仍然喜欢他。"

邻居把这话传给了杰斐逊，杰斐逊便请了一个彼此皆熟悉的朋友传话，让亚当斯也知道他的深重友情。后来，亚当斯回了一封信给他，两人从此开始了美国历史上最伟大的书信往来。

亚当斯在农庄渐渐衰老，其间，他的女儿因乳腺癌不幸离世，和他相依54年的爱妻也先他而去。亚当斯终于在孤独中再次提笔给杰斐逊写信。两人就此开始了更加频繁的书信往来。1826年7月4日，杰斐逊和亚当斯先后辞世。死前，杰斐逊曾望着放在自己房间里的亚当斯的雕像，而亚当斯则喃喃自语，叫的是杰斐逊的名字。

这个例子告诉我们，宽容是一种可贵的精神、高尚的人格。

在日常生活中，难免会发生这样的事：亲密无间的朋友，无意或有意间做了伤害你的事，你是宽容他，还是从此分手，或待机报复？有句话叫"以牙还牙"，分手或报复似乎更符合人的本能心理。但这样做了，怨会越结越深，仇会越积越多，真是冤冤相报何时了。俗话说，多个朋友多条路，少个朋友添堵墙，冤家宜解不宜结。因此，生活中，不妨让怨恨转个弯，这样敌人也会变朋友。

投其所好，善结人缘

投其所好，也并非全属“小人”所为。在一定的情况和条件下，也不失为“君子”获胜的谋略技巧。

心理学家说，“逢迎”是人性的内在需要，“逢迎”对世间之人没有不受用的。恰到好处地投其所好“逢迎他人”，会让你大受欢迎，获得更多的人脉，进而织下一张结实而耐用的关系网。有了它，不仅会让你在生活中游刃有余，畅通无阻，而且会让你在事业上平步青云，获得成功。

小孙是大学法律系刚毕业的学生，因为律师考试未能通过，只好在一家法律事务所当职员。按公司规定，试用期每一个人在一个月内都要拉到一家新客户。可是，他刚离开学校不久，没什么经验，又没有任何背景，每次去拜访一些陌生的新客户，都没有成功。

眼看一个月的期限就到了，他已经打算另谋出路。没想到，这个时候奇迹出现了。他不但开发出一个新客户，而且还借着这个客户的引荐，一连吸收了十几个新客户。他不但没有被炒鱿鱼，反而晋升成正式职员，薪水也连跳好几级，成了该事务所的“超级营业员”。

小孙到底是凭着什么本领，能够在短时间里迅速走向成功的呢？请看下面的自述：

那天，当我愁眉不展地踏入那家公司门口的时候，我想到以前的遭遇，就更加踌躇不安。忽然，我看到了公关主任桌上的名片，我想我有办法了。

原来，这位主任的名字蛮奇怪的，竟然叫作“万俟明”。以前，我在看《说岳传》时，看到“万俟乔”三个字，由于年纪小，不知道怎么读。所以，我特地查了字典，才知道这三个字的读音。也正是因为这样，我才知道“万俟”这两个字的正确读音（万俟作为姓应读作 mò qí）。当时，我一眼看见这人的名片上写着“万俟明”，就礼貌地称呼他：“万俟先生，我是××法律事务所的职员，今天特别来拜访您。”我才说完这句话，对方就嘴里结巴着说：“你……你……你怎么认识我的姓，一般人第一次都会念错，害得我总是一次又一次地解释，烦死了。”

我听了以后，感觉这次拜访似乎有个好的开始，于是接着说：“这个姓是复姓，而且又很少见，想必有来源的吧！”

对方听到这里，更是高兴地说道：“这个姓可是有来由的，它原是古代鲜卑族的部落名称。后来变成姓氏的拓跋氏，就是由万俟演变而来的。”

我看到对方越来越高兴，于是接口问道：“那您就是帝王之后，系出名门了！”那位万俟明先生听了，更加高兴地说下去：“岂止是这样，这个姓氏一千多年来也出了不少名人。例如，宋代有个词学名家叫万俟永，自号词隐，精通音律，是掌管音律的大晟府中之制撰官，另外写了一本书叫《大声集》。后人都尊称他万俟雅言。”

用这个少见的姓氏做话题，让我和那位公关主任聊了起来。尽管我并未说明来意，更没谈什么细节，但光凭这次愉快的交谈，就让我开发出一家财团做客户。而这家财团旗下所有的关系企业，全都与事务所签下了合约，聘我们做法律顾问，为我们事务所增加了前所未有的业绩。同时，我也让自己的腰包迅速地鼓了起来。

一次偶然的机会，便让这位推销员获得巨大的成功。其实，他也并非挖空心思去讨好这位经理，只是从一个小小的侧面打开话匣子，让这位为姓氏读法苦恼不已的经理遇到了“懂行”的人，真可谓“酒逢知已千杯少”。交往的道路已经打开，那么他的推销业务也就水到渠成了。

这样做人能左右逢源

左右逢源要使点“心计”，这不是道德问题，而是策略问题。

“左右逢源”出自《孟子·离娄下》：“资之深，则取之左右逢其源。”词典里是这样解释的：“逢，遇到；源，水源。到处遇到充足的水源。原指赏识广博，应付自如。后也比喻做事得心应手，非常顺利。”那么，做人怎样才能做到左右逢源呢？

第一，要幽默机智。一个人会不会说话，看他有没有幽默感；一个人会不会做人，看他有没有幽默的魅力；一个人会不会做事，看他有没有幽默的手段。幽默与机智，在交际上可以显出你自己的聪明之处，可以激起他人的兴致，也可以缓和紧张的局面。20世纪50年代，有一次，周恩来和一位美国记者谈话时，记者看到总理办公室里有一支派克钢笔，便带着几分讽刺，得意地发问：“总理阁下也迷信我国的钢笔吗？”周恩来听了风趣地说：“这是一位朝鲜朋友送给我的。这位朋友对我说：‘这是美军在板门店投降签字仪式上用过的，你留下做个纪念吧！’我觉得这支钢笔的来历很有意义，就留下了贵国的这支钢笔。”这下，美国记者的脸一直红到了耳根。

第二，要以礼待人。有礼之人会做人，有人缘，多朋友。有礼之人会做事，注重形象，有教养，不树敌，成功路上事事顺。生在礼仪之邦，就要做一个彬彬有礼之人。假设你在候车室，一个人带有很多东西。由于某种原因，你需要暂时离开一会儿。这时，你的东西就需要求助于你旁边的人代为照看。于是，你要说：“您好，我有事需要离开一会儿，请您帮我照顾一下东西，好吗？”我想，那个人一定会很乐意帮忙的。但回来后，你也不要忘记说声“谢谢”哟！

第三，要俭以养德。不懂得“俭”字的人，只会丧失成功；不懂得“俭”字的人，不会明白任何成功的事业都在于点滴的积累。诸葛亮为了蜀国，可谓是“鞠躬尽瘁，死而后已”。直到临终前，他还上表蜀后主：“臣家有桑八百株，田十五顷，子孙衣食，自有余饶。至于臣在外任，随身所需，悉仰于官，不别治生产。臣死之日，不使内有余帛，外有余财，以负陛下也。”不仅如此，在诸葛亮亡故时，后主降旨下令择地厚葬遗体。费玮告诉他：“丞相临终，命葬于定军山，不用墙垣砖石，亦不用一切祭物。”

第四，要及时帮忙。在人际交往中，遇到帮忙的机会，就要像一只饥饿的松鼠扑向地球上的最后一粒松籽。因为人情就是财富，人际关系一个最基本的目的就是结人情。有人缘，自能左右逢源。一个人能力虽然有限，但只要肯帮助别人，就会受欢迎，办起事来也会顺利很多。做人做得如此风光，大多与善于结交人情，乐善好施有关。施恩术是人情关系学中最基本的策略和手段，是开发利用人际关系资源最为稳妥的灵验功夫。帮助别人时，要掌握四个基本要领。一是施恩时不要说得过于直露，挑得太明，以免令对方感到丢了面子，脸上无光。给别人帮过的忙，更不要四处张扬。二是施恩不可一次过多，以免给对方造成还债负担，甚至因为受之有耻，与你断交。三是领导要培养下属对你的感情依赖，让他们心甘情愿地为自己效力。四是给人好处要注意选择对象。对像狼一样喂不饱的人，你帮了他的忙，说不定还会被反咬一口。

临事求人，不如退而结“网”

退而结“网”是你事业成功的基础，也是你人生成功的关键。

人际关系是一张无形的网，这张网蕴含着巨大的能量：经商，人网是钱；从政，人网是权；办事，人网是成功；休闲，人网是欢颜。人网不是点头哈腰，人网不是全天候的笑脸。人网是以人苦为己苦，分己甜为人甜。

那么，如何来结网呢？这可是一门学问。

第一，循序渐进地搞关系。

在社会上生存，就要与人交往。把握好与人交往的尺度和温度，才能在社会中如鱼得水，为办事做好铺垫。“一回生，二回半生不熟，三回才全熟”，正是最高的与人相处的艺术与原则。只有保持平静的、持续的接触，这样拓展出来的人际关系才是可以信赖的。

为什么要这样强调呢？原因有二：

一是人都有戒心，这是很自然的反应。如果你坚持“一回生，二回熟”，对方对你采取的绝对会是自卫的姿态，甚至还会认为你居心不良，因而拒绝与你接近，有权力、有地位、有名望的人更是如此。

二是每个人都有“自我”。你若“一回生，二回熟”，必定会采取积极主动的态度，以求尽快接近对方。也许对方会很快感受到你的热情，也给你热情的回应。可是，大部分人都会有自我受到压迫的感觉，因为他还没准备好和你“熟”，他只是在矛盾、痛苦地应付你罢了，很可能第三次就拒绝和你接触了。

对于以上两点原因，有例为证：

小王在参加一个社交聚会的时候，交换回来一大把花花绿绿的名片，也握了无数次的手，但也同样弄不清楚谁是谁。可几天后，小王突然接到一个电话，原来是几天前见过面，也交换过名片的“朋友”，因为那位“朋友”名片设计特殊，让他印象深刻，所以记住了他。

这位“新朋友”只是和小王东聊西聊，也没有什么特别的目的。为此，小王很是不高兴，因为他们并没有业务上的往来，而且仅仅见了一次面而已，他就这样子打电话聊天，让自己不知道聊什么好，更有一种被侵犯的感觉。

在现代社会中，经常会遇到这样的情形。从小王的这位“朋友”来看，他有可能对小王的印象不错，有心结交，所以主动出击。另外，也有可能是为了业务利益而操之过急了。总之，没有达到预期的效果。

第二，无事也登“三宝殿”。

要织起一张人际关系网，光有想法是不够的，你必须积极主动地将它化为行动。在各个场合，你有许多接触他人的机会。如果你想接近他们，让他们成为你人际关系网中的一员，平日里必须注意与人保持联系——哪怕是一个电话也好，让别人知道，他们在自己心目中占一席之地。如果非到有事才找人，未免显得太过功利主义，未免惹人反感。一个很久未与你有联系的昔日同事，突然打电话请你帮他贷笔巨款，恐怕你感到的不仅是为难，还有极大的不快吧！所以，8 小时之外常到朋友家做客以加强联系沟通，看来还是有必要的。

千金难买雪中送炭

一次善举不仅可以成就自己，更可以成就他人。

人生在世，没有一帆风顺的，总会有许许多多的艰难与困苦。当你遇到断崖险阻时，你需要的是帮助你架桥搭梯、雪中送炭的人。在这时帮助你的人，才是你真正的朋友。雪中送炭可以把人拉出火坑，走出困境，犹如你即将渴死在沙漠中，别人给你一口救命甘泉一样。

宋太宗年轻时曾和宋太祖一起打天下，深深地知道江山来之不易。因此，他特别爱护老百姓。有一年冬天，天气特别寒冷，到处都是皑皑的积雪。在皇宫里的宋太宗，穿着狐狸皮做的龙袍，烤着炭火，还觉得寒气逼人。他命人拿来美酒，借酒来驱赶寒冷。他一杯酒还没有喝完就开始想，我这样还觉得冷，那些缺衣少食的贫苦百姓岂不是会更冷？我必须想点办法，帮助他们解决这个实际困难。

想到这里，他立刻召来开封府尹，对府尹说："现在天寒地冻，我们这些有吃、有穿、有火烤的人还觉得冷，那些缺衣、少食、没火烤的贫苦老百姓，肯定更加受不了。你现在马上带上衣食和木炭，替我去慰问他们，帮助他们迅速解决这个燃眉之急。"

开封府尹一接到圣旨，马上带领他的随从，准备好衣服、粮食和木炭，挨家挨户地送到老百姓的手中。凡是没米、没衣服的，就给他们送去米和衣服；而那些没有柴烧的，就给他们送去木炭，让他们烤火。那些有困难的灾民非常感动，都称宋太宗是"雪中送炭"。

古时候如此，现代亦复如是。记得曾经看过一篇让人十分感动的文章，大概内容是这样的：

有一个女孩考上了苏州大学。这本是十分开心的事，可面对每年 1 万多元的学费，她那贫困的家实在无力承担。孩子的父亲不忍女儿辍学，还是东挪西借，好不容易凑齐了第一年的学费。可时间飞逝，大一生活结束了，随之而来的是新一年的学费。此时，前债未还的父亲又被一年的学费难住了。

这位父亲实在没有办法了，做出了一个痛苦的决定，留下一封遗书，离家出走了。他在遗书中说："自己不得不走，因为自己不想看到女儿因为自己这个不称职的无能父亲无法筹到大二的学费而伤心和幽怨的眼神。尤其是在这个生存竞争如此激烈的今天，女儿是否会承受住这样的打击，我不得而知，也不敢去想。所以，我只有选择离开。"这位父亲在遗书中还写到，女儿大二开学的那一天，就是他的忌日。当女儿看到这封遗书的时候，悲痛不已。她经过一番找寻，仍不知父亲的去向。万般无奈之下，女儿向当地的电视台发出了求助信。当这封信播出后，在社会上引起强烈反响，一位不愿露面的热心观众特意赶到电视台，为这位女孩捐了学费，并表示会负责她在大学期间的所有费用。当得知女儿已经上学时，这位离家出走、正准备结束自己生命的父亲惊呆了，也被女儿的信深深感动，给女儿打了电话，也回家和女儿团聚了。

这位好心人的义举，不仅成就了一个少女的大学梦想，也成全了一位父亲的最大心愿，更挽救了一个即将破碎的家庭，还成就了一份雪中送炭的佳话。

一面之交亦成大业

一定要珍惜一面之缘，你第一次接触的人，很有可能成为你的贵人。

人世间最频繁的事莫过于为人处世、接人待物，但不同的为人处世方法会有不同的结果。有的人和谁接触，谁都会喜欢他，一面之交十年不忘，当他有了困难时，别人都会伸手帮他；而有的人和谁交往，谁就讨厌他，一面之交遗臭万年，当他有了难处时，谁也不愿帮他。俗话说："人过留名，雁过留声。"每一句话、每一个表情都会影响自己的声誉，每时每刻都有给别人留下好坏印象的条件与机会。

香港"景泰蓝大王"陈玉书曾言及他创业初期在一公园漫步时，偶尔遇见一女士和她的孩子在玩荡秋千。由于此女士身单力薄，玩得十分吃力。于是，陈先生主动上前帮忙，使她们玩得很开心。临走时，此女士留给陈先生一张名片，说以后若需帮忙可以找她。原来，此女士竟是某国大使夫人。后来，陈先生通过此女士得到了一张该国运往香港的货物的签发证，从中赚了一大笔钱，由此成为他到香港创业的一个起点。

这个小故事不过是生活中的一面之交，只因陈玉书在人脉关系网中播下与人为善的种子，他收获到了事业上的回报。

三分钟把陌生人变成熟人

一个陌生人在你面前并不可怕，可怕的是你不能与他交谈。

一见如故，相见恨晚，历来被视为人生一大快事。善于和素昧平生者打交道，掌握套近乎的诀窍是十分必要的，也是大有裨益的。

和陌生人搭讪、套近乎，经常是以这样的方式开始的："请问，您是哪的人？哪个学校毕业？听您说话的口音，您应该是北方人……"有些人认为，这一类的话都是无聊的废话。他们不喜欢谈，也不屑于谈。他们不知道，像这一类看似没有意义的话究竟有何意义。其实，初次见面，这些都是挺好的话题，以此作为开端，那继续交谈下去就会容易很多。实际上，这并不是简单的寒暄，而是有意在试探对方的态度。

那么，如何在最短的时间内，把陌生人变为熟人呢？下面介绍的几种方法就能收到立竿见影的奇效：

第一，要学会微笑。微笑永远是人际交往最好的通行证。有了好印象，彼此间的陌生感就会消除。人与人之间的感情，是在不断的交往中培养的。随着了解的深入，陌生人就会变成朋友。

第二，巧妙地借用彼时、彼地、彼人的某些材料为题，借此引发交谈。有人善于借助对方的姓名、籍贯、年龄、服饰、居室等，即兴引出话题，常常取得较好的效果。关键是灵活自然，就地取材，要思维敏捷，能作由此及彼的联想。

第三，从对方的外貌谈起。每个人都对自己的相貌或多或少地感兴趣，恰当地从外貌谈起就是一种很不错的交际方式。有个善于交际的朋友在认识一个不喜言谈的新朋友时，很巧妙地把话题引向这个新朋友的相貌上。"你太像我的一个表兄了，刚才差点把你当作他。你们俩都高个头，白净脸，有一种沉稳之气……穿的衣服也太像了，深蓝色的西服……我真有点分不出你们俩了。""真的？"这个新朋友眼里闪着惊喜的光芒。自然，他们的话匣子也打开了。

第四，问陌生人的兴趣，循趣发问，能顺利地进入话题。如对方喜爱象棋，便可以此为话题，谈下棋的情趣。如果你对下棋略通一二，那肯定谈得投机。如你对下棋不太了解，那也正是个学习的机会，可静心倾听，借此大开眼界。

第五，寒暄与问候，这是人际交往中一种礼节上或感情上的互酬互通行为。它本身不正面表达特定的意义，但它却是在任何人际交往中不可缺少的。它是交谈的“导语”，具有抛砖引玉的作用，是人际交往中不可缺少的重要一环。在社交活动中，几句得体的寒暄语，会使气氛变得融洽，会使两个人相见恨晚，这有利于顺畅地进入正式交谈。

第六，表达友情。用三言两语恰到好处地表达你对对方的友好情意，或肯定其成就，或赞扬其品质，或同情其处境，或安慰其不幸，就会顷刻间暖其心田、感其肺腑，就会使对方油然而生一见如故、欣逢知己之感。

第七，同陌生人交谈，要努力营造一种轻松愉快的气氛。首先从你自己做起，你同他谈话要直率而坦然。最要紧的是使对方不感到拘谨。在谈话过程中，要随时留心对方态度的变化，不要以为你感兴趣的对方也一定感兴趣。对对方的兴趣，你要充分尊重。当对方谈兴正浓时，你千万不可打断他；而当对方兴趣转移时，你则不要纠缠原来的话题，而应随机应变地巧妙地引出新话题。要认真倾听对方的讲话，但不能一眼不眨地紧紧盯住对方。你的眼神要随时表现出你对他的理解、信任和鼓励，而不是怀疑、挑剔和苛求。一道严厉的目光，会使对方把只说了一半的话吞回去。只要你主动、热情地通过话语同他交流，就能赢得对方的好感，就能拉近你们之间的距离。初次见面时的三言两语是叩开对方心扉的敲门砖，也是使人一见如故的秘诀。

及时清理“有毒朋友”

每个人都需要朋友，每个人都希望多些“良友”、少些“有毒朋友”。

谁都需要朋友和友谊，越来越多的人认识到朋友可能是他们感到不快乐的根源。这个现象引起心理学界的关注，如何摆脱变了味的友谊和“有毒朋友”成为热门话题。那些用语言或行为给人带来困扰，让人感到筋疲力尽、灰心丧气，最终破坏自己的心情和生活的朋友，被称作“有毒朋友”。这类朋友主要有以下几种类型：

第一，暗中破坏型。这样的朋友会打着关心你的幌子，经常暗示性地批评你的外表、习惯及行为方式。

第二，滔滔不绝型。这种类型以女性居多，她会想尽办法成为关注的焦点，让你围着她转，把她视为公主或主角，而你只能当配角和听众。

第三，自私自利型。以友谊要挟，不理你死活，逼你迁就。例如，明知你第二天一早上班，还逼你玩到深夜。

第四，惯于毁约型。约好了去逛街，但如有更好玩的约会，他会毫不犹豫地在最后一刻甩掉你。

第五，多愁善感型。老向你哭诉抱怨，却不解决问题，令你筋疲力尽，把你当作不收费的治疗师。

我们冷静下来想一想，“有毒朋友”其实在身边并不少见，相信每个朋友身边都会有那么几个“有毒朋友”。他们见不得你比他好，总会有意无意地挖苦你、嘲笑你。要想摆脱“有毒朋友”带来的困扰，最理性的解决办法就是静下心来，好好盘点清理自己的朋友圈子。中国有句古话，叫“己所不欲，勿施于人”。因此，除了专家建议的定期清理自己的朋友圈外，我们也要不断反省自身。说不定，我们自己就是别人眼中的“有毒朋友”。

对于不同类型的“有毒朋友”，我们应该采取不同的方式来“消毒”。

第一，对于暗中破坏型朋友。在交往过程中，有鉴别地听取他的语言，特别是批评性语言，考虑其言语的合理性和科学性的成分，必要时抱着“走自己的路让他说去吧”的态度。人生是一个从失败中吸取教训建立自信的过程，重点不是改正缺点而是发挥长处。一味地提示缺点，使人产生不良心理暗示，强化缺点只能使事情更糟糕。

第二，对于滔滔不绝型朋友。我们一方面要倾听其语言，可能是朋友之间的一种愉快的分享或不快乐的分担，这是作为朋友的一种义务。但在适当的时机，我们要表达出自己的意见和建议。另一方面，如果仅仅是把我们作为一个听众，我们就可以在听对方喋喋不休时，或者心不在焉，或者只做自己的事情，必要时告诉他我有太多的事需要完成，等完成这些事情之后再听他说。这样一来，他就很知趣地少说或不说了。

第三，对于自私自利型朋友。可以根据他需要帮助的实际情况提供必要的帮助，尽朋友之谊，让他知道你是一个有情有义之人，也是一个有原则的人，而不能让其认为你是一个容易受到要挟的人。

第四，对于惯于毁约型朋友。遇到这样的朋友，我们就对约定不要太当真，必要时自己故意失约几次，“以其人之道还治其人之身”，让他知道“毁约”的影响与滋味。对朋友守信，不要把不守信的人当作你的朋友。

第五，对于多愁善感型朋友。我们在一定程度上倾听他诉说，给予一定安慰。但也要告诉他，自己对他的事情无能为力，建议或推荐他到一个专业的心理咨询师那里去，效果会更好些。每个人都应该为自己负责，他也没有权利要求朋友听他无休止地抱怨。同样，你也没有义务给只会抱怨却不解决问题的朋友当治疗师。

何不让别人欠你一个人情

要想在成功的路上少走弯路，“人情存折”必不可少。有“心机”的人，总是懂得时刻储蓄人情，不会等到用时方恨少。

一个人不可能独自凭借自己的力量去闯世界，即使是那些白手起家的有成就之人，也需要凭借众人的支持才能达到今日的业绩。问及他们的成功经验时，他们都会对自己送给别人一个人情的“手腕”赞叹不已。送给别人一个人情，表现自己的诚意，就会收到意想不到的回报。十个人欠你人情，至少有九个会给你带来意想不到的收获。

下面这个小故事向人们道出了人际关系的微妙：

在一个非常寒冷的夜晚，北风呼呼地刮着，风中还带着雪，刮在脸上像被刀扎了一样疼。就在这样的一个晚上，坐落在街角的一家小旅馆迎来一对上了年纪的客人。他们走路很不灵便，又提了一些东西。但很不幸的是，这家小旅馆的房间早就住满了客人。

“这已经是我们寻找的第十六家旅馆了，这样的鬼天气，到处客满，我们怎么办呢?”这对年迈的老夫妻望着店外阴冷的夜晚，发出了这样的哀愁。

店里的小伙计不忍心这对老夫妻受冻，便建议说：“如果你们不嫌弃的话，今天晚上就睡在我的床铺上吧，我今天值班。”

这对老夫妻非常感激。第二天早上，他们依照旅馆的价格要付房费，小伙计坚决拒绝。临走时，这对老夫妻开玩笑似的说：“你经营旅馆的才能真够得上当一家五星级酒店的总经理。”

“老人家，您可真能开玩笑。不过，如果那样，我就可以有足够的钱养活我的老母亲了，他们也和您的年纪差不多。”小伙计随口应和道。

人生就是这样，事事难以预料。原本已经不记得这件事的小伙计却在两年后的一天，收到了一封来自纽约的信，信中还夹有一张往返纽约的双程机票，信中邀请他去拜访当年那对睡他床铺的老夫妻。

就这样，当年的小伙计来到了繁华的大都市纽约。老夫妻把小伙计引到第五大街与三十四街交汇处，指着那儿的一幢摩天大楼说："这是一座专门为你兴建的五星级酒店。现在，我正式邀请你来担任总经理。"

年轻的小伙计因为当初一次举手之劳的助人行为，美梦成真。这就是著名的奥斯多利亚大饭店总经理乔治·波菲特和他的恩人威廉先生一家的真实故事。

人情债并没有一个衡量的标准，也没有可衡量的尺度，一切都只能凭感觉。这就像人们所说的，什么是幸福？大多数人都说，幸福是一种感觉，它不是静态的，而是动态的，她会随着时间、地点、人物、所发生的事而改变。所以，在条件允许的情况下，你还是应该试着让别人欠你一个人情债。终有一天，你会连本带利收回来。

主动弥补友谊的裂缝

友谊，相信大家都曾经拥有，也曾经失去过。失去的原因很简单，就是不懂得友情的真正含义。

友谊究竟是什么？英语单词是 friendship，可以理解为汉语里的“同舟共济”。而在我国，则是“爱情诚可贵，友情价更高”，“桃花潭水深千尺，不及汪伦送我情”。友谊就是人与人之间长久相处建立起来的情谊，是在交往中相互信任的基础上建立的，就像是一座架起情感的桥梁，使你我沟通，心心相印，从而让你我成为挚友。

鲁迅和瞿秋白，在 20 世纪 30 年代白色恐怖的笼罩下，曾结下一段崇高而感人的友谊。两人深入交谈后，都深深地被对方高尚的人格、渊博的学识所吸引，很快成了志同道合的朋友。当时，瞿秋白先后几次到鲁迅家过避难生活。在共同生活的日子里，他们一起评论文章，交流学问，体现了真挚的友谊。

每一个人都需要友谊，它就像每一个人生命中的一部分。如果没有了友谊的存在，我们的人生也将是一个不完整的人生。

只可惜，朋友相处久了，也免不了出现磕磕碰碰。俗话说：“牙齿不好，舌头相绞。”本来好好的朋友，有时却为了一件小事弄得不欢而散。于是，友谊失落了，实在让人惋惜！可是，当你一旦冷静下来，对朋友又会有一种渴望恢复友谊之感。

但是，人们在渴望得到失去的友谊时，心中总有一点顾虑，主要是面子拉不下来。他们往往会想：“我绝不向他示弱，除非他先跟我打招呼。”“我不能先去他那里，否则别人会认为问题全出在我身上。”你也许正有同样的想法。但是，交朋友不只是被动地接受友谊，还应该积极主动地架构友谊，切不可因为一点点小事就使你失去一个本来交好的朋友。

如果你真正了解你的朋友，你就应该抛开顾虑，拉下面子，去创造缝合你们友谊的机缘。例如，你可以在朋友生日或其他重要的日子，打个祝福的电话，或送去一点他喜爱的礼物。又如，在大街上，当迎面走来那个曾经很熟悉的身影时，你站住脚，面带微笑地说一声："嘿，你好吗?"不要担心他的冷淡，你的热情一定会有所回报。

曾有一对朋友，他们由于某一天在聚会时其中一人对朋友的女友有了不礼貌之举而断绝了交往。其实，那天他的朋友并没有做什么，只是由于贪杯才出现了不欢而散的局面。于是，两位朋友分手后，都深悔自己的决定过于轻率，总想寻找机会和对方谈一谈。也许是天赐机缘，一天晚上，两个朋友同去参加了一个酒会。他们端着各自的酒杯，远远地望着，都没有说话。

这时，他想，那天朋友其实对女友并没有做什么，可自己的言语实在太偏激了，所以两个人才真正生气了。他这么想着，便一边面带微笑地举起了酒杯，并向朋友点了点头。朋友也高高举起了杯，顽皮地眨了眨眼睛。就这样，两个人的误会在顷刻间便消失得无影无踪。他们又走到了一起，开始了寒暄，似乎根本就没有那段不愉快的经历。

友谊的存在对于朋友双方都是有益无害的，它就像炎炎夏日里的一杯清新透凉的冰红茶，滋润着你我干渴的喉咙；就像秋风瑟瑟中随风而落的秋叶，构成了金秋时节一道亮丽的风景线；就像寒冬腊月里一朵朵迎雪而立的梅花，绽放开来，温暖着你我的心田。而"破镜重圆"的友谊通过间接的修补，只会比当初更加灿烂。所以，千万不要让暂时的不快而影响了本该持续一生的友谊。

把心中的阴云驱散，赢来的不仅是友谊，自然还有一片更好的处女地，等待着你去开发。

第六篇

一句话，摆平事

好口才不是政治家、军事家、外交家、文学家等的专利，它存在于千千万万普通人的生活中，存在于我们日常的工作和学习中。与人交流时，说什么、怎么说，什么话能说、什么话不能说，都是需要“心眼”的。良好的谈吐，可以增进人与人之间的了解，可以把彼此之间的距离缩短。很多时候，有些人失败了就是因为没有说话的心眼。一言使人笑，一言使人跳，追求成功的人应当会说话。

一句话的力量

对人有用的一句话，胜过千言万语。一句话微不足道，却拥有无穷大的力量。

英国思想家迪斯累利说："贤者的睿智与年岁的经验，将因引用而万古长存。"从古到今，无数巨人的经典名言被人们引用着、传诵着。它们是人类语言文化长河中的璀璨明珠，是人类思想文化宝库中的炫目宝石。

非常朴实的一句话，有些时候却可以使素不相识的两个人携起手来，成为朋友。一句话可以安抚人们忧郁恐慌的心灵，使人们消除疑虑和烦躁；一句话可以让人重拾信心，改变一个人的一生。古今中外，有很多人因为别人的一句话而深受感动，甚至豁然开朗。周恩来一句"为中华之崛起而读书"曾激励了成千上万的青少年发奋读书；马丁·路德·金一次充满豪情壮志的演讲让美国黑人风起云涌寻求自由；贝多芬一句"我要扼住命运的咽喉"更是激发了许多人战胜困难的勇气。邰丽华的舞蹈老师的一句"要相信自己，你是最棒的"，使得这位聋哑人坚持了下来，跳出了让众人赞叹的《千手观音》；席勒的一句"任何一个苦难与问题的背后，都有一个更大的祝福"，激励了在车祸中失去小腿的女儿的心，最后女儿成了非常厉害的垒球王；雅芳公司的女总裁钟彬娴由于母亲的一句"男孩子能做的事，女孩子也绝对都能做，只要努力，女人无论在哪个领域都能达到顶峰"，使得她从小发奋图强，最终在事业上成就了一方属于自己的天空。所以，千万不要小看区区一句寻常话的力量，有时候说者无意，听者有心。有心者听了付诸行动，砥砺前行，甚至会因一句话而改变自己和他人的命运！

普利特是《纽约时报》的老板。在他 18 岁那年，他因为没能考入理想大学而心灰意冷。一气之下，他离开了家，来到几年前曾经来过的一座深山中，准备在此度过以后的时光。

山上一位老人看到他的到来，对他十分热情，于是带他去种树。一路走来，山依然是原来的山，水也依然是原来清澈见底的水，树木依然像从前一样茂盛挺拔。但这一切在他的眼里已经失去了往日的光彩，变得黯淡而悲凉。老人带着他一路走来，看出他内心有情绪，但老人没有问什么。

到了晚上，两个人促膝长谈，他将所有的事情都告诉了老人，诉说了他内心的苦闷与压抑，老人一直在认真地倾听着他的讲述。最后，他说完了，老人语重心长地对他说："小伙子，要记住，无论生活多么不如意，你千万别让自己的眼睛老去。"他听了此话，顿时醒悟。从此，他发奋读书，第二年考入理想的学府。

《社会学》上说过，在众多的对人的行为刺激中，语言对人的行为的刺激最大。在现实工作和生活中，又何尝不是这样啊！俗话说"良言一句暖三冬"，一句好话或者一句不好的话对人产生的影响很大。人生的成败，也常常因为一句话而产生决定性的影响。一句话可以让一个人从冰冷的人情中走出来，重新走上人生的正道，认识自己、认识世界；一句话可以将一个轻生的人从死亡边缘上救回来，使他重新感受到生命的意义，激发内心深处的自信；一句话可以成就一个人立志向上、顽强拼搏的动力。一句良言究竟有多大的力量，如果你亲身感悟，也许你就会体会到，它就像阳光一样洒满被劝慰者的心房。

一句话很容易说，但重要的是要能让对方受用。生命是一种学习，任何人在学习的过程中不免遇到困难和迷惑。常常给身旁的人一句鼓励和赞美的话，让人生命奋起飞扬，何乐而不为呢？

所以，在生活中，我们要常说这样的话：令人喜悦的话；激励人前进的话；肯定他人的话；赞赏他人的话。

总之，多说有益的话，不说无益的话。

说话能力是成功的捷径

人才未必有口才，而有口才者肯定是人才！

能言善辩的人，往往令人尊敬，受人爱戴，得人拥护。它使一个人的才学充分拓展，熠熠生辉，事半功倍，业绩卓著。可以说，发生在成功人物身上的奇迹，至少有一半是由口才创造的。

也许，你曾听说过这样一句话："未来的世界，是会说话人的天地，让不会说话的人走开！"

美国前总统奥巴马的魅力来自何方？很简单，主要来自他的演讲。据说，奥巴马在一次演讲的过程中，国会中的两党议员起立鼓掌达30次之多！美国排名第一的演讲培训人沃克，是克林顿和奥巴马两任美国总统所聘请的演讲培训顾问，他总结了奥巴马的演讲奥秘。奥巴马上场演讲的时候，会与听众进行交流，比如握手、微笑或招手之类的。他讲话清晰，节奏起伏，目光不停地来回扫描在场的每一位听众，并且能做到恰当地停顿思考。

实际上，奥巴马将这种演讲过程中的沉静作为一种思考来对待，类似舞台剧中高潮出现前的静场。每当这种时刻出现，一定是充满期待的时候。据说，想学奥巴马演讲的人非常之多，奥巴马旋风早已从美国吹到全世界。

大声地说出自己的想法，等于是一种宣战。在你大声说出来的那一刻，就是你决定自己命运的时候，从此坚持到底，这种精神就是成功人士难得的特质。说出来以后，可以更加明确自己的目标，也会让自己没有后路可退。

很多不愿意说的人其实就是怕自己万一做不到，会很丢人。他们总是说，除了这个，我还有办法。就是这种自己给自己留的后路，让自己在成功的路上徘徊不前。说出来以后，还可以得到大家的很多帮助。有时候，即使是别人的一些指责也可以让你想到很多对你的理想有用的事情。

在现实生活中，有许多人在繁忙的人事接触中，觉得别人说话对自己似乎像一种威胁。实际上，这只不过是自愧自己的口才不如别人而已。自己理由充分，而别人尽讲歪理，但因为自己口才拙劣，反而被别人辩得无地自容，这样的事例是很多的。古语所说的“三寸不烂之舌”，就是赞誉这些能言善辩之人的。例如，历史上诸葛亮“舌战群儒”和“骂死王朗”就是两个著名的以口才争辩所获得的辉煌战果。

有一副好口才，是成功的快捷方式。当你拥有这种才能时，你的能力也将使你备受瞩目，鹤立鸡群。相反，一个有学问而没有口才的人，和人讨论时就有点难于应付，会在无形中损失很多有利条件。

在这里，我们虽不可能去做辩士或说客，但必须明白，一个人的一生不外乎就是“言语”和“动作”，即说话和办事。我们不能终身不说话，一切人情世故，大多掌控在说话当中。我们的话说得好，小则可以悦己，大则可以兴国；我们的话说得不好，小则可以招怨，大则可以坏事。所以，古人说：“一言可以兴邦，一言可以丧邦。”

当然，思维是口才的基础，口才是思维的表达，能说会道的人一般都头脑聪慧、思维敏捷。少数人的口才可以说是出于天生，但多数人的口才却是出自勤于训练的结果。口才与思维的训练是相互促进的，要使自己更聪明，使自己成为一个活跃的人，使自己获得成功，就应多训练口头表达能力。一个当众不敢说话的人，最大的可能就是“心理作祟”。

当然，一个胸无点墨的人不可能在说话中做到应对如流。“学问”是一个利器，有了这个利器，一切才有可能迎刃而解。你虽不能对各种专门学问进行精湛的研究，但那些所谓的常识却是必须具备的。有了一般的常识，倘若能巧妙地运用起来，足以应付与任何人的十分钟的兴趣谈话。这就需要多读书、多看报、多关注世界的动向，如国内的建设情形、科学界的新发明新发现、世界各地的地方特点或人物的特性，以及艺术新作、时髦服饰、电影戏剧作品等，以此来丰富自己的知识。

语言是思想的外壳，语言的力量能够沟通世界上最复杂的信息网络——人的心灵。在职场上、商场上，有“先声夺人”“一诺千金”的说法；在政界，有“金口玉言”“一言定升迁”之语；在文化界，有“点睛之笔”“破题妙语”之论；在生活中，也常有“生死荣辱系于一言”之说……由此可见，在现代社会的激烈竞争中，对于一个有实力的人而言，是否能说、是否会说将直接影响事业的成败。

在日常生活中，我们接触最多的是陌生人。表面看起来，陌生人似乎很生疏，要想与之套近乎，难于上青天。其实不然。陌生人见面，对方也不了解你，他也不好随便拒绝你。只要你话语客气，礼貌表达，多在话里抛几个“绣球”给他，自然关系就近了。实际上，许多朋友也是由陌生到熟悉，一步一步过来的。

很多事情是说成的

成大事一定要有好口才，好口才既是事业成功的阶梯，也是一种卓越的人生资本，更是一种用之不尽的财富。好口才已经成为生存的必要条件之一，口才的好坏直接影响着人的一生。

口才好，可以充分地展示自己，可以提高生存发展能力，可以更好地实现自我价值，可以更有效地影响别人，可以化解人生危机，可以让你少走弯路，可以让你的成功零障碍。所以说，成大事者一定要有好口才，好口才助人成功，好口才成就人生。

好口才是现代人必备的素质，是事业成功的必要条件。社会的各行各业、日常生活的方方面面，都不可避免地要用到口才。要想在生活中处理好人际关系，要想把事情办好，就要有一副好口才。因此，好口才是成大事者必备的特质。

每个人都会说话，但如何把话说得恰到好处，说得圆满，说到对方的心坎上，并不是每个人都能做到的。这里的关键在于，说话者在说话的时候，不要把时间都浪费在一些无关紧要的枝节上。

社会是一本难懂的大书。一个人要想融入社会、顺应社会，良好的口才起着举足轻重的作用。吹牛拍马、夸夸其谈、哗众取宠、巧舌如簧固然不可取，但舌尖生花却不可缺少。总之，要在“巧”字上下功夫。只有这样，你的事业才能如鱼得水，你的人际关系才能左右逢源。舌头是圆的，舌头也是软的，又软又圆的舌头能把丑话说成好话，也能把好话说成丑话。

都说人类是万物之灵，究其原因，大概就是因为人类语言器官特别发达，诸事都能用语言交流，如演讲、汇报、表功、弹劾、谗言、诽谤等。因此，作为人类之中的一分子，你如果没有能说会道的功夫，那后果也就可想而知了。

有时，在某些特殊的场合，必须立即回答一些难以回答或具有挑衅性的问题。智慧的人常以巧妙的、非逻辑的方式“妙语连珠”“语妙天下”“妙趣横生”“妙语巧辩”，从而摆脱困境。这其中的“妙”来自联想，来自突破思维的局限。但是，这种“联想”和“突破”也必须注意“合理”，更要“合适”。

如果说世界是个变化着的万花筒，反映客观世界，表达和交流思想的语言也是个变化的万花筒，那么，如何运用各种语言就更是一个变化的万花筒。

一家旅馆老板在招聘三名男性应试者时问：“假如你无意间推开房门，看见女房客正在淋浴，而她也看见你了，这时，你该怎么办?”

甲答：“说声‘对不起’，然后关门退出。”这个对答无称呼，虽简洁，但不符合侍者的职业要求，而且也没使双方摆脱窘境。

乙答：“说声‘对不起，小姐’，然后关门退出。”这个称呼虽然准确，但不合适，反而加深了旅客的窘迫感。

丙答：“说声‘对不起，先生’，然后关门退出。”

结果，丙被录用了。为什么呢？因为他这种故意误会的说法，维护了旅客的体面，非常得体、机智，表现出一个侍者应该具有的职业素质和应变能力。

还有一个与此相类似的故事：

一个人在市场上买了六只来自中国的麻雀，决定用它们去讨好国王。

按照这个国家的习惯，七是大吉大利的数字。要是送去六只，国王也许会不高兴。要是国王真的发怒，那就更加麻烦了。但是，中国麻雀只有六只，怎么办呢？他想了半天，决定混进一只本国麻雀，凑足七只献给国王。

国王一见，果然高兴。他仔细地把它们逐一玩赏了一遍，突然发现有一只本国麻雀混在里面，立即大怒，责问道：“这算怎么回事？是不是你自恃博学多才，欺我寡陋无知?”

那人吓了一跳，但他马上回答：“陛下果然是火眼金睛，洞察分明。可这只本国麻雀是另外六只中国麻雀随行的翻译。”

这个人利用类比思维做出了巧妙的辩解——人出国需要有翻译，那么麻雀也不例外，那只本国麻雀就是一位翻译。正中有歪，歪中有正，几分正确，几分荒谬。国王见他奉承得体，便嘉奖了他。

说话能力是一个人必备的素质之一。好口才会给你带来好运气，拥有好口才就等于拥有了辉煌的前程。人人各有立场，如果都冲动地、直截了当地阐明自己的立场，恐怕世界就会纷争不断。所以，既要维持表面的和谐关系，在捍卫自己的理念上又不能有丝毫让步时，机智就是最好的方法。它能使你另辟蹊径、沉着应变，展现你博学多才的风采。

用舌头代替拳头

一言之辩，重于九鼎之宝；三寸之舌，强于百万之师。

要把话说得滴水不漏，就要经过大脑这扇门，这是支撑语言好坏的最佳窍门。人若没有良好的口才，就像鸟儿没有羽翼，是一件很可悲的事。

一个人有没有水平，主要表现在说话上。说话水平高是一个人获得社会认同、上司赏识、下属拥戴和朋友喜欢的最便捷、最有效的手段。在人的各种能力中，说话能力是最能表现一个人的才干、见识、智慧和水平的标志。如果一个人说话水平不高，那他就不能很好地驾驭自己的思想和感情，当然也就不能很好地驾驭各种事情和各种情况下的人际关系。

征服一个人，以至于征服一群人，用的往往不是刀剑而是舌头。一个真正懂得说话艺术的人，不见得字字珠玑，但他总能说出对方想听到的话。

人之所以要学习“说话”的方法与技巧，原因就在于人必须在不同的论点中寻求和谐，不能因各自不同的理念而损及人际关系。因此，与人沟通时，就必须注意分寸的拿捏。如果论辩中既不想太强硬，又不想违背自己的原则主张，你可用“绵里藏针”法，这或许是一个不错的方法。“绵里藏针”意味着软中有硬，“硬”是通过“软”的方式表现出来的，婉言中预示警戒，柔弱中显示刚强。

历史上有一位辩才——鲁仲连。鲁仲连是战国末期齐国人。人们通常把他归为纵横家族，因为他常以绝伦的辩才，奔走游说于列国之间。但事实上，他并不像纵横家们那样争名逐利，在君主面前争风吃醋。他有儒家那样的高度的社会责任感，虽然“穷”，仍然“兼济天下”；他有道家的不慕名利，曾经辞掉平原君酬以的千金；他有墨家的兼爱与非攻的理想；他有名家能言善辩的口才；他有兵家高瞻远瞩的眼光……总之，他的一生既宁静淡泊又震惊天下，他的一生简直可以说是一种理想人生。

战国末期，燕昭王用乐毅为将，连克齐国七十二城中的七十城。后来，乐毅以谗被逐，齐将田单一心想建立恢复齐国的功业。如果当时没有鲁仲连在聊城之战中的帮助，他是难以成功的。田单将聊城围困了一年多，没有攻下来，死伤十分惨重。鲁仲连身为庶民，却深忧攻守双方巨大的伤亡。为了减少无谓的伤亡，拯救城中的齐国百姓，他夜书万言，箭书射入城中，对守将陈以利害，劝他与其在这里坐守孤城，还不如保全军队回国报效。守将看后，大哭三天，仍然迟疑不决。他想回到燕国，又怕遭诛杀；想投降齐国，又怕降后受辱。结果，自觉走投无路，于是拔剑自刎。聊城大乱，田单不费吹灰之力，就攻下了久围无功的聊城。幸存的齐民欢欣鼓舞，燕卒也得以免死他乡。鲁仲连一封书信，抵得上十万大军。田单凯旋后，竭力赞扬鲁仲连的功劳，齐湣王准备向鲁仲连颁赐爵位。鲁仲连却悄悄离开齐国，隐居海上。

鲁仲连曾经三度像这样以一人之力却数万之师，每次都拯救了数以万计的性命，甚至是一个赵国，赢得了天下诸侯、士人的尊敬。虽然这样，鲁仲连的生活依然宁静而远离是非争夺，终生没有担任过一官半职。

每个人活在这个世上都应该有自己的一套处世哲学。但是，我想到许由洗耳、鲍焦抱木，或是那因为忠言得不到采纳便投江而死的屈原，他们活得岂有鲁仲连那样洒脱、超然？

话有多种说法，把话说得有品位，让人爱听，这就需要说之前在大脑里思考一番。人生活在社会上，天天都要说话，把话说好是办好事情的前提。话说不好，不仅办不成事，而且一句不经意的冷言恶语也会让人寒彻心肺、怀恨终生。常言道：“谋事在脑，成事在言。”由此可见，语言是成事必不可少，也是至关重要的能力。

说服你没商量

把话说得让人心服口服，真不是一件容易的事。每一句话都要注意语言技巧，说得得体、巧妙，方能赢得人心。

谈判是语言驾驭能力的表现，是语言技巧使用最集中的场合。有人说，人生就是一个谈判的过程，生意人尤其如此。谈判不是要打倒对方，而是要“说服”对方。“说服”是一门让人们认同你的观点、展示个人魅力的艺术。具有说服能力的人总是处于主动地位，表现出一种信心十足、精力充沛的风貌。

萨道义说：“谈判技巧的最大秘诀之一，就是善于将自己要说服对方的观点一点一滴地渗进对方的头脑中去。”

说服就是摆事实、讲道理来使人相信、使人信赖，使人赞同其观点和主张。生活中，很多时候都需要说服别人。针对不同的情形，应该采取不同的说服方式，才能达到说服的目的。

美国著名科学家和哲学家富兰克林说过这样一句话：“要想说服别人，不能仅晓之以理，更应晓之以利！”伽利略正是抓住了父亲的心理，成功说服了他并得到支持，才走上成功之路。

说服对方，就需要站在对方的角度谋划和考虑，了解他的心理，了解他的需求，了解他的困难。这种说服方法容易使对方接受，达成统一认识。在现实生活中，就有许多人面对歹徒临危不惧，完全靠自己的口才说服对方，使之“放下屠刀，立地成佛”。

有一个出租车女司机把一男青年送到指定地点后，那个男青年掏出尖刀逼她把钱都交出来。她装作害怕的样子，交给歹徒300元钱，说：“今天就挣这么点儿，要嫌少就把零钱也给你吧。”说完，又拿出20元零钱。见“的姐”如此爽快，歹徒有些迷惑。“的姐”见自己说中了他的弱点，便趁机说：“你家在哪儿住？我送你回家吧。这么晚了，家人肯定等急了。”见“的姐”是个女子又不反抗，歹徒便把刀收了起来，让“的姐”把他送到火车站去。

趁气氛缓和的时机，“的姐”不断地启发歹徒：“我家里原来也非常困难，咱又没啥技术，后来就跟人家学开车，干起这一行来。虽然挣钱不算多，可日子总得过呀。何况自食其力，虽然穷点儿，但谁会笑呢！”见歹徒沉默不语，“的姐”继续说：“唉，男子汉四肢健全，干点儿啥都差不了，走上这条路一辈子就毁了。”

火车站到了，见歹徒要下车，“的姐”又说：“我的钱就算帮助你的，用它干点正事，以后别再干这种见不得人的事了，学点技术吧。”一直不说话的歹徒听罢，突然哭了，把 300 多元钱往“的姐”手里一塞说：“大姐，我以后饿死也不干这事了。”说完，低着头跑了。

在这个事例中，“的姐”将心比心，把话说到对方的心里，最终达到了说服的目的，自己没有受到任何伤害，也没有任何损失。一口漂亮话，是人闯荡江湖的一把“宝剑”。有了这个本领，你就能更快地走向事业的巅峰。

对上司说话要注意分寸

会做事的人不一定受上司的信赖，但会说话的人上司一定喜欢。

西奥多·罗斯福说："成功的第一要素是懂得如何搞好人际关系。"每一个伟大的成功者背后都有另外的成功者帮助他。一个人的成长和进步更是离不开领导的栽培和提携。事实证明，在职场中，那些提升或加薪的职员除了拥有过硬的工作作风之外，还有一套伶牙俐齿的嘴上功夫。

作为下级的你一定要重视和领导的谈话，把握住自己的分寸。具体地说，应注意以下几点：

第一，不要说蔑视领导的话。

一个人能够成为管理阶层，自有他的过人之处。当然，以裙带方式升级的另当别论。因此，作为下属，应该学会欣赏你的领导，不应养成看不起领导的习惯。

"当年若不是我，哪还会有你小子的今天？"

"你若非夫凭妻贵，能升得这么快吗？"

"你一生就是好运！"

这些不切实际的想法，不单对你的工作没有丝毫帮助，还会阻碍自己向上的拼劲。

在背后常常说领导不是的人，不会受到别人的尊敬。如果只是偶然说说，别人也当是诉苦。但常常这样，别人便会觉得你自己又不努力而只会说风凉话，况且可以让一个样样不如自己的人做了你的领导，你自己的能力也好不到哪里去。

撇开人格不谈，单就公事而论，领导必有下属可以学习的地方。例如，他沉着、遇事冷静、富有冒险精神或公私分明等，总会有值得你学习的地方，问题是你能否放下对抗之心去欣赏别人。

学会在领导身上找寻一些能令你欣赏的地方并表达出来，不但可把许多怨气消除，容易容忍和接纳他，更重要的是可以学到自己所没有的长处。

如能欣赏你的领导，他自会在日常交往中察觉到。没有领导会拒绝别人的尊敬，有人欣赏绝对是一件快乐的事。

第二，指错别直言。

有位朋友最近很不开心，原来他在开会的时候指出了上司的错误，事后被召去痛斥一顿。他觉得自己是对公司关心，才会指出上司的错误，不料反被指责，因此不快。

这位朋友的出发点无疑是好的，但他却不懂得选择场合，也太欠缺技巧了。任何人都不愿当众被指出错误，更何况是你的上司？开会时众目睽睽，你竟然直接把他的错误指出来，叫他的面子往哪放？况且你是他的下属，岂不是说他不如你？也难怪他生气，要对你发脾气。

另外，即使只有你与上司两人，你也不宜直接指出他的错误。特别是上司的自尊心最重要，你要指出其错误时，必须懂得避重就轻，要婉转但能清楚地传达意思。

第三，不说不该说的话。

与上司聊天尤其是闲聊时，往往在上司面前放松警惕而口不择言，说出一些本来不该说、平常不敢说的话，其结果会很快反映在领导对你的认识和任用上。

所以，我们说上司面前不要直言不讳，或许有人会老大不高兴地说，这样的人是否人品有问题？为什么不说真话？你难道没有看到教科书上都说，人不能说假话吗？

在这里要强调的是，所谓的不要直言不讳，不是什么话都不能说，也并不是让你满口胡说八道，而是要巧说。

就像古代有个将军老吃败战，他给皇帝的奏折中写道："臣……屡战屡败……"他手下的一个谋士看了后，把奏折中"屡战屡败"这四个字稍稍改变一下顺序，成为"屡败屡战"。

奏折呈上去后，那个将军不但没有被皇上治罪，反而受到了皇帝的嘉奖。

第四，不要和领导称兄道弟。

虽然说我们不一定要把组织弄得像军队一般严谨，但对于上司和下属的关系也应划分清楚，不可有搪塞马虎、得过且过的想法。与上司相处时轻率随便的态度，往往给人无法信赖的感觉，而且上司的指令也难以执行。

主从关系必须严格划分，不可乱了分寸，权责不明、未经授权而强出头，对所指派的任务也任意曲解、自作主张，将使整个组织失控。

在企业组织中，上下级之间的关系最容易混淆，常有冲犯而不自知。年轻气盛的员工只为突显、膨胀自己的角色，往往不知礼貌，动辄直呼上司名字，或者干脆称兄道弟。这些没大没小的幼稚行为，都是办公室里的忌讳。

上级有事召见时，切忌推三阻四、要“派头”，给人气度不凡且又成不了大事的印象，尤其不可打断他人的谈话，有意见时须待他人告一段落再表达自己的意见。

第五，准备不充分不可随便提建议。

对上级进言一定要小心谨慎，周密准备，而不应采取某种轻率的态度，行仓促之举。否则，不但事可能会有所不成，还会给进言者本人带来祸端。所以，当我们向上司提建议时，一定要有所准备，力求达到言而有功、劳而有成的效果。

激励下属会说鼓励话

人对精神鼓励的需求是普遍的、长期的，对下属的一番赞美会给他带来满意和愉快的情绪体验。所以，重视赞美的作用，正确地利用它，是一个领导有效的管理方法之一。

希望被人赞扬，这是人的天性。美国著名企业家玛丽·凯说过："人们盼望赞扬，就像在沙漠中盼望甘露一样。"领导的赞扬，可满足员工的荣誉感和成就感，使其在精神上受到鼓励。

下属很认真地完成了一项任务或做出了一些成绩，虽然此时他很平静，内心却默默地期待着领导的赞赏。领导一旦没有关注或没有给予公正的赞扬，他必定会产生一种失落感或挫折感，对领导产生看法，"反正领导也看不见，干好干坏一个样"。领导及时肯定，恰当地赞美下属，有助于消除上下级之间的隔阂，密切双方关系，易于形成凝聚力。

领导的赞扬不仅表现了对下属工作的肯定和赏识，还表明自己很关注下属的事情，对他的一言一行都很关心。有人受到赞扬后，常常会很开心地对别人讲："我们头儿既关心我又赏识我，我做的事连自己都觉得没什么了不起，却被他大大夸奖了一番。跟着他干气儿顺，心情特好。"你看，不过是简单的几句称赞，就产生了不同凡响的效果。

与其不断提醒下属什么地方没有做好，不如赞许他已做好的成绩。恰当地运用赞扬艺术，可使下属死心塌地地跟着你。

赞美之语可使下属了解到你对他们的看法，千万不要认为不必说，下属自然会知道你的感激之情。"尺有所短，寸有所长。"每个人都有值得对方学习的长处和优点。作为领导，寻找下属的长处并予以称赞和表扬，这样坚持下去你会发现，下属不但变得更出色了，而且对你的印象也越来越好。你用赞美之词将谢意传递给下属，他们自然会用更高的工作热情回报公司。

领导赞扬下属，可以制定奖励措施，将其所做的成绩与工资、住房、奖金等挂钩，这是很实在的赞扬方法。也可采用传统的方式赞扬，如颁发奖状、奖旗、奖章，进行嘉奖，或以领导者个人名义写信表彰，开庆祝大会等。辛劳被肯定后，下属所流露的感激是无与伦比的喜悦。一个好领导就要善于给下属带来这种“无与伦比的喜悦”之情，以便更好地激发下属的工作热情和智慧潜能。

好口才让你求职有门

为了成功地推销自己，你必须使自己成为大家最想要的样子。要想办法让人家照着你的方式做事，让他人保持与你同样的看法。在你改变他们的观点时，使他们喜欢或尊敬你。

“我就像趴在玻璃上的苍蝇，能够看到外面诱人的风景。但除了一次次痛苦的撞击，却似乎永远都没有办法穿透。”这是某大学的一名学生在谈及自己毕业前的感受时写的一段文字，在简洁中透着诸多的无奈。十年寒窗，临近毕业时的恐慌是很多大学生共同的尴尬。本应是收获的季节，很多人却像步入冬天一样，时时盼着这个毕业不要来临。但事实是，无论我们是什么心态，毕业是一定会来的，而且是准时地如约来到我们身边。如何在毕业后找到一份理想的工作，安全地跨过这个“寒冬期”呢？你的口才至关重要。

一位大学毕业生走进一家报社问道：“你们需要一位好编辑吗?”言下之意，自己当然就是“好编辑”，语言很是自信。

“不。”拒绝却是那么干脆。

“那么，好记者呢?”语言还是那么自信。

“不。”拒绝还是那么干脆。

“那么，印刷工如何?”依然是坚忍不拔。

“不。”看来是没戏了。

可是——

“那么，你们一定需要这个东西。”这位大学生从公事包里拿出一块精美的牌子，上面写着：“名额已满，暂不雇用。”

报社主任笑了，但也开始用一种新的眼光来审视面前这位年轻人了。最后，这位年轻人被破例录用报社销售部经理。

自信的应答不但有助于面试人吻合招聘者既定的聘用期望，而且可能重新塑造招聘者的聘用期望。

一家外贸公司举行了一次别开生面的宴会招聘考试，有一位小伙子表现良好，深深吸引了招聘人员。

在宴席上，这位小伙子走到这家公司的人事经理面前举杯致辞："经理，能认识你很荣幸，我十分愿意为贵公司效力。但如果确因名额有限而不能梦想成真，我也不会气馁的，我将继续奋斗。我相信，如果不能成为你的助手，那我就一定会当你的对手……"

小伙子言语得体，柔中有刚，充满自信，意志坚强。这是外贸工作最宝贵的性格。他的谈话彬彬有礼，不卑不亢，机智敏捷，性格开朗，具备了搞外贸的优良素质。最后那句话提醒了这家外贸公司的人事经理：如果因为录取名额的限制，让这位优秀人才流失到别的公司，岂不是一大损失。最后，公司录取了这位青年。

现代社会，不仅商品需要推销，一个人要想崭露头角，得到命运之神的青睐，也要善于表现自己。

人的才能需要表现。只有表现，才会为他人所知，知道的人多了，为你提供的机遇也就会多起来。有时，甚至会出现这样的结局——在你的表现得到认可时，就是机遇来临之日。

精明的企业家招聘员工，聪明的领导挑选下属，并不是首先看你手捧几张文凭，而是首先看你有多少真才实学。你应当实事求是地宣传自己：我的长处，有哪些才能，想做什么，能做什么等。而主考官也会通过你的言辞来判断是否录用你。

总之，面对招聘者提出的各种各样的问题，我们用全部智慧去应对，这个应对过程就是展示自己的意志与才能的过程，也就是推销自己的过程。那么，我们就能谋职成功。

有理不在声高

话到嘴边要细思量，千万不可出口伤人。

争辩是一门博大精深的语言艺术。对争辩双方来说，它不仅是知识的较量，也是智慧的较量，更是语言艺术的较量。千百年来，争辩以其严密精湛的逻辑思维和咄咄逼人的论辩气势，显示出震撼人心的力量，放射出璀璨夺目的光彩。

在人际交往中，每个人都会遇到相异于自己的人。大至思想观念，为人处世之道，小至对某人、某事的看法、评论。这些程度不同的差异都会外化成人与人之间的争执与论辩。留心我们周围，争辩几乎无所不在：一场电影，一部小说，一个特殊事件，某个社会问题都能引起争辩，甚至连某人的发式与妆饰也能引起争辩。因此，争辩是不可避免的。但争辩的时候，大家几乎都忘记了理智，纯受感情的支配，每个人都可能说出一些有伤和气的话，伤害了彼此之间的友谊。这种争辩已经超出了常态，是有害无益的。所以，在争辩时，我们要做到既不伤大雅，也不伤和气，同时还可以增长知识，达到这样的目的，才是值得称道的争辩。

为了避免争辩时与人发生不愉快的现象，你不妨用一用下面这几招：

第一，争辩要含蓄风雅，给他人留有余地。

争论不一定要大声高叫，只要指中要害就好，遇事穷追不舍，于人于己都没有好处。聪明的人都会适当地考虑到他人的想法，给人留下回旋的余地。

一天，一个人去饭店吃饭，发现菜里有一根头发。于是，他把服务员叫过来说：“我想，你们一定是换厨师了，是吗小姐？”

被这么一问，服务员感到很诧异，说：“您怎么知道的，先生？”

这位顾客接着说：“平时你们做的菜里总是有一根黑头发，而今天的菜里却是一根白头发。所以，我推断你们是换厨师了。”

服务员一听顾客这么说，明白了这位先生的用意，然后微笑着说：“真对不起，先生，请您谅解。我再给您换一份，好吗？”

我们看，此时这位先生在处理这场争辩时，做法就非常得当，既没有和服务员大声叫喊，也没有严厉指责，而是采取了一种含蓄风雅的方法，用一种幽默的方式向对方表达出自己的意见。这样做，既达到了自己的目的，也给他人留了颜面，堪称上上之策。

第二，谨防揭人隐私。

人世间没有十全十美的人，凡是人皆有长处，也难免会有短处。在与人争论时，你要极力避免谈到别人的短处。否则，不仅使别人的尊严受损，而且还会体现出你的品德有问题。

一次，张某和王某因为一点事争执起来，两人你一句我一句，争得面红耳赤。在众人的劝解下，两人最终停止了争执。就在这场战火将要熄灭的时候，王某说了一句："挣钱没本事，整天就会向别人借钱过日子，吵架倒是很厉害。"这时，张某一听他说的话，顿时火了，对准王某的脸，上去就是一拳，两个人厮打起来。最后，都住进了医院。

这种争辩就是一种揭露他人隐私的争辩。在争辩时，无论你是有心还是无意，揭人隐私都是伤人自尊、侮辱别人人格的表现。所以，在与人争辩时，千万不要涉及人的隐私和敏感的问题，以免出口成刀，伤害他人。

第三，争辩时语气要自然、果断。

正所谓"有理不在声高"，争辩时舒缓有致。哪怕是自知说错了话，也不要有搪塞、尴尬之语，可以在接下来的争辩中重新论述自己的观点，对出现过的错误进行改正。千万不能急躁，否则，会让他人感觉你底气不足，给别人创造了反击的机会。

哥伦布经过近 20 年的准备，终于成功地越过大西洋，发现了新大陆。这个伟大的创举引起举国欢腾，哥伦布也因此被视为英雄，受到崇敬。但是，有一些无视事实、否认真理的人，想给哥伦布制造一些难堪。

在一次为哥伦布举办的庆功宴会上，有人发难："听说你在大西洋的彼岸发现了新大陆，但那有什么了不起？任何人通过航行，都可以像你那样到达大西洋彼岸，并发现新大陆。所以，那是世上再简单不过的事情，为什么要小题大做呢？"

面对挑衅，哥伦布没有立刻回击。他从容起身，从桌子上拿起一个鸡蛋，对在场的客人们说："先生们，这是一个普通的鸡蛋，有谁能把它立起来呢？"

在座的宾客们一个接一个，试图要把鸡蛋立起来。但是，鸡蛋转了一圈后，却没有人成功。大家都说，这是不可能的事情。

然而，哥伦布接过鸡蛋，轻轻地在蛋壳上敲出一个小洞，几乎毫不费力地便把鸡蛋立了起来。顿时，全场哗然。哥伦布转身对大家说："这不是世界上是最简单的事情吗？然而，你们却说这是不可能办到的。当人们知道某件事情该怎么做之后，也许谁都能做到了。”

争辩是生活的一部分，不温不火的争辩是一门艺术。在强敌面前保持平静，敢于交锋，语气自然、果断，在气度上压倒对方，这样才能最大限度地发挥自己的争辩口才。

第四，与人争辩要以理服人。

以理服人是与人争辩时说服别人的最基本原则。以理服人就是摆事实、讲道理，只要在你讲的道理中让他人领悟到其正确性，对方就会哑口无言，而且还会对你心存敬佩之心。

萧何是汉初的名臣。有一次，他向汉高祖刘邦请求将上林苑中的大片空地让给老百姓耕种。上林苑是皇帝游玩、打猎、消遣的园林。刘邦一听萧丞相居然要缩减自己的园林，不禁勃然大怒，认为萧何一定是接受了老百姓的大量钱财，才这样为他们说话办事的。于是，他下令把萧何逮捕入狱，同时审查治罪。当时的法官廷尉为讨好皇上，只要皇上认定某人有罪，廷尉官不惜用大刑使犯人服罪。

就在这紧要关头，旁边一位姓王的侍卫官上前劝告刘邦说：“陛下还记得原来与项羽抗争以及后来铲除叛军的时候吗？那几年，皇上在外亲自带兵讨伐，只有丞相一个人驻守关中，关中的百姓非常拥戴丞相。假如丞相稍有利己之心，那么关中之地早就不是陛下的了。您认为，丞相会在一个可谋大利的情况下而不谋，反而贪占百姓和商人的一点小利吗？”

简单几句话，句句击中要害。刘邦深有感触，终于认识到自己的鲁莽，对不起丞相的一片诚心，自己感到非常惭愧。于是，当天便下令赦免了萧何。

在争辩时，就事论事讲道理，以理服人，是每一个人都必须修炼的一种语言功夫，不要轻视争辩的艺术。也许短短的几句话，你就可以成就一个人的未来，也可以成就自己的未来。

我们每天都要说话，说话不仅是为了表达我们的想法，也是说服他人的一种方法。对于同样的问题，不同的人会有不同的看法。因此，当我们遇到与自己意见相悖的问题时，自然而然就会发生争辩。但是，在与人争辩时，一定要避免与他人发生正面冲突。如果在争辩中与他人发生了冲突，即使最终的争辩取得了胜利，这样的胜利也是空虚的。

说好每一句话

在交际场上口若悬河、滔滔不绝，这固然是不少人所向往的。但假若口无遮拦，说漏了嘴，说错了话，也是很难补救的。所以，说话应讲究“忌口”。

我们天天在说话，并不见得我们是会说话的。说话的好坏直接关系到一个人做事的成败。每个人都希望别人能对自己说实话，但在某些特定的场合下，如顾及面子、自尊，以及出于保密等，实话实说往往会令人尴尬、伤及自尊。

办公室文员小宁就是一个说话没“心眼”的人，她性格非常内向，平时不太爱说话。当有人就某件事情征求她的意见时，她往往会说出一些很“刺”人的话，而且她的话总是在揭别人的“短儿”。

一次，一位女同事穿了一件新衣服，其他人都称赞“漂亮”“合适”。问及小宁，她则不假思索地说：“一般！我觉得这种颜色你穿有点艳，还有，你太胖了，看起来有点儿紧。”

当事人听了很生气，而且其他大赞衣服“怎样怎样好”的人也很尴尬。这完全是由于小宁没有“心眼”，说的话“太真实”。虽然有时小宁会为自己说出的话后悔，可在发表意见时，她仍然管不住自己，总是把别人最不爱听的话突然间说出来，让人难以接受。时间一久，同事们便把她排除在集体之外，都不愿意和她说话。结果，公司里几乎无人主动搭理她。

当面揭短，让对方出了丑，说不定会恼羞成怒，或者干脆耍赖，出现很难堪的局面。至于一些纯属隐私、非原则性的错误，最好的办法是装聋作哑，千万别去追究。

人们似乎都有一大爱好，那就是特别注意他人的隐私，而且尤以注意名人的隐私为最。那些街头小报一旦出现了一篇有关某某名人的隐私，如“某某离婚揭秘”“某某情变内幕”之类，就容易被哄抢一空。热衷于打听别人隐私的人是令人讨厌的。在与人交往中，为了避免引起别人的不快，一定要避免探问对方的隐私。在你打算向对方提出某个问题的时候，最好是先在脑中过一遍，看这个问题是否会涉及对方的个人隐私。如果涉及了，要尽可能地避免，这样对方不仅会乐于接受你，还会因你在应酬中得体的问话与轻松的交谈而对你留下好印象，为继续交往打下良好的基础。

有人喜欢当众谈及对方隐私、错处。心理学研究表明，谁都不愿把自己的错处或隐私在公众面前"曝光"，一旦被人曝光，就会感到难堪而恼怒。因此，在交往中，如果不是为了某种特殊需要，一般应尽量避免接触这些敏感区，免使对方当众出丑。必要时，可采用委婉的话暗示你已知道他的错处或隐私，让他感到有压力而不得不改正。知趣的、会权衡的人只须"点到即止"，一般是会顾全自己的脸面而悄悄收场的。

在交际场上，人们常会碰到这类情况，讲了一句外行话，念错了一个字，搞错了一个人的名字，被人抢白了两句等。这种情况，对方本已十分尴尬，深怕更多的人知道。你如果作为知情者，故意搞得人人皆知，以为"这下可抓住你的笑柄啦"，来个小题大做，拿人家的失误来做取乐的笑料，不仅对事情的成功无益，而且由于伤害了对方的自尊心，你将结下怨敌。同时，也有损于你自己的"光辉"形象。人们会认为你是个刻薄饶舌的人，会对你反感、有戒心，因而敬而远之。所以，最好的处理方法就是不要故意渲染他人的失误。

在其他的事情上也一样，集体活动中，你固然多才多艺，但也要给别人一点表现自己的机会。你即使足智多谋，也不妨再征求一下别人的意见。"一言堂""独风流"是不利于社交的。此时，要给对方留点余地。

在交往中，我们有时结识了新朋友，即使你对他有一定的好感，但毕竟是初交，缺乏更深刻的了解。所以，不宜过早与对方讲深交、讨好的话，包括不要轻易为对方出主意。这是因为，这很可能会导致"出力不讨好"的结果。对方若实行你的主意，却行不通，好友尚可不计，但其他人则可能以为是在捉弄他。即使行之有效，他也不一定为几句话而感激你。除非是好友，否则不宜说深交的话。

有的人说话时旁若无人、滔滔不绝，不看别人脸色，不看时机场合，只管满足自己的表现欲，这是修养差的表现。说话应注意对方的反应，不断调整自己的情绪和讲话内容，使谈话更有意思、更为融洽。强人所难和不见机行事都是应当避免的。

你必须注意，即使是一个很好的题材，说时也要适可而止，不可拖得太长，否则会令人疲倦。说完一个话题之后，若不能引起对方发言，或必须仍由你支撑局面，就要另找新鲜题材。只有如此，才能把对方的兴趣维持下去。

在谈话中，对方的发言机会虽为你所操纵着，但你也必须时常找机会诱导对方说话。比如，说到某一环节时，可征求他对该问题的看法，或在某种情形时请他介绍自己的经验等。勿使对方一味地茫然听讲，才不失为一个善于说话的人。

话题转了两三次，而对方仍无将发言机会接过去的意思，或没有做主动发言的表示时，你也应该设法把这个谈话结束。即使你精神还好，也应让别人休息休息。自己包办了大半的发言机会，是不得已时才偶尔为之的方法。若以为别人爱听自己的话，或不管别人是否感兴趣，只顾自己随意说下去，那就有失礼貌了。

在任何地方和场合，针对任何话题，我们都要做到尽量少说话，不要口无遮拦。

曾看过一个笑话，是这样的：有一个业务员，花了一个上午的时间，凭着三寸不烂之舌，说服了一名客户购买他的汽车。不过，客户想等进一步检测完制冷设备后再进行交易。这个业务员在启动汽车冷气时，说了这么一句话："这车的冷气很强劲，某市曾发生此类车的冷气冻死人事件……"客户未等他说完，连逃带跑就走了。

说一千，道一万，千万不要败在说话上！否则，前功尽弃，一切努力将付之东流。

一语中的，轻松摆平事

一言使人笑，一言使人跳，追求成功的人应当会说话。

口才的境界分为三层，即敢说、能说、会说。今天的你只要把握机会，敢于在公众场合发言，就已向成功迈出了第一步。人人都有一张嘴，长嘴就是为说话，但从不同的人嘴里说出来的话效果不大一样。所以，一言使人笑，一言使人跳，追求成功的人应当会说话。

伟大导师列宁曾经指出："一个鼓动家就是善于对群众讲话，善于用自己的热情之火激发群众，善于抓住突出的、说明问题的事实的演说家。"列宁本人正是一名卓越的演说家、雄辩家。他的一生光辉灿烂，名垂青史，恐怕与他那超凡出众的演说能力以及出类拔萃的辩论之术是休戚相关的。

然而，在现代社会的生活中，一个人拥有好口才，会说话，并能在不同的场合、面对不同的对象说出一语中的、字字精彩的话，其成就与境遇必定会大不一样。因此，在说话中，应该做到以下这几点：

首先，讲话要做到有的放矢，简明扼要，突出重点。

表达自己的观点，应当讲究方法，思路严密。这是提高说话水平的基本要求。平时，我们与人寒暄或做简短的交谈时一般都是比较随便的，谈不上条理清晰。但在正式场合，如报告会、讲座、演讲等比较重要时候的讲话，情况就不一样了。这要求说话者对所说的内容有深刻的理解，并对整个说话过程做出周密的安排。

马克·吐温曾说过，有一次，他去听一位牧师传教，开始很有好感，准备捐献身上所有的钱。过了一个小时，他听得厌烦，决定留下整钱，只捐些零钱。又过了半个小时，他决定分文不给。等到牧师讲完了，他不仅不给，还从捐款的盘子中拿出两元钱作为浪费自己时间的补偿。

这个故事是对说话冗长者的绝妙讽刺。所以，说话时，应在注意句式变化的同时，多用短句，少用长句，长句能够表达缜密的思想、委婉的感情，能够营造一定的说话气势。但是，其结构比较复杂，如果停顿处理不好，不但说话者觉得吃力，就是听话者听起来也不容易理解。而短句的表达效果简洁、明快、活泼、有力。由于活泼明快，就可以干脆地叙述事情；由于简洁有力，就可以表达紧张、激动的情绪，坚定的意志和肯定的语气。因此，在运用上，易说易听的短句更适合在交谈、辩论、演讲等重要场合的说话中使用。

其次，说话要有巧妙纠正错误和更正的能力。

当乾隆称帝的时候，全国闻名的大才子纪晓岚深受皇上的赏识。

有一天，乾隆宴请大臣。大臣们吃得十分开心，喝得也非常畅快。这时，爱卖弄学问的乾隆诗兴大发，出了上联："玉帝行兵，风刀雨箭云旗雷鼓天为阵。"

乾隆皇帝要求百官对下联，结果没有人能对上来。乾隆皇帝这下更来兴致了，他想显示一下自己的才华，便点名要纪晓岚对答，想让这位天下才子在众多大臣面前出丑。然而，使乾隆皇帝出乎意料之外的是，纪晓岚却把下联对上来了："龙王设宴，日灯月烛山肴海酒地为盘。"

话音未落，群臣都发出赞叹不已的声音。但乾隆却并不高兴，他面有怒色，半日沉吟不语。对此，大家都感到很纳闷。

此时，纪晓岚知道自己得罪了皇上，便紧接着又说："圣上为天子，所以风、云、雨、雷都归你调遣，威震天下；小臣们都是酒囊饭袋，因此希望日、月、山、海都能在酒席中。可见，圣上是好大神威，而小臣只不过是好大肚皮而已。"乾隆一听，便立刻露出笑脸，连忙表扬纪晓岚："尽管饭量甚好，但若无胸藏万卷之书，又哪有这么大的肚皮。"

这对联对得相当好。乾隆出的上联虽然显示出了一代帝王的豪迈气概，不料纪晓岚下联一出，十分工整，却显示不出乾隆上联的才气。乾隆一听，自然感到有些不愉快。幸好，纪晓岚能及时地发现，及时地为自己开脱，有意识地抬高乾隆，贬低自己。自然，君臣一唱一和，大家高兴。

人有会说话的能力是好，但话要说到正处，说到关键点上。就像纪晓岚一样，当乾隆不高兴时，又说了一句摆脱尴尬的话，这才能显示出一个人是否真正地会说话。

最后，说话要沉稳缜密，刚柔相济。

一个人如果说话沉稳，他给人的感觉一定是缜密、谨慎、专业、完美的。

给人机会，别当“话痨”

给他人留说话余地，实际上就是给自己留有余地。

不知道从什么时候起，我们身边的话痨越来越多。心理学家认为，语言是释放压力排遣焦虑的主要途径。烦心事可以在倾诉中化解，小喜悦可以在说话中倍增，适度的贫嘴调侃是快乐的表现。然而，话匣子一打开就说得没完没了，这样就成了“话痨”。痨者，病也。“话痨”一词，带着调侃的味道，就是说此人话多，多得成了病。此种叫法在互联网上流传甚广。

生活中，你可能遇见过所谓“话痨”：不管对待陌生人，还是对待亲友，他们的话总是张口就来，一旦开讲就滔滔不绝，话语如同脱了缰的马，刹都刹不住。当交际场合气氛沉闷时，你可能会感谢他的存在。但更多的时候，“话痨”的存在让你感到耳根不得清静，有点不胜其烦。说话不是说给自己听，而是说给别人听。所以，不能只顾自己说话，而忽视别人的感受。如果不听别人的反馈，不给别人说话的机会，即使你说再好听的话，也全成了废话。所以说，每个人都应当学会给他人说话的机会和权利，在别人学会释放自己的过程中学会聆听和分析。

给别人说话的机会，无论是在公共场合、部门机构，还是在朋友之间、上下级之间，都有至关重要的作用。

在正常的人际交往中，不仅要有善于表达的能力，而且还要有善于倾听的行为和习惯。每个人都有自我表现的欲望，没有人喜欢一个只会滔滔不绝地讲而没有耐心倾听、不给别人讲话机会的人。同时，听别人说话是一个很好地理解别人、学习别人的过程，也是一个促进人际交流、增进人际关系的机会。听别人说话，也许只需要一分钟的时间。可那一分钟，也许就是给予双方一次机会，彼此收获温暖和感动。给人说话的机会符合人的本能。人总要说话，即使是哑巴，也会通过手势语言说话。人总有表现欲望，说话正是表现欲望的最好体现。让他人在说话的过程中主动参与，分享交谈的快乐与收获。这样一来，既可以使自己实现自我提高，也可以使自己受益终身。所以，一个会说话的人就要懂得给人机会，别当话痨。

那么，如何做到这一点呢？

首先，你要做一个多听他人讲话的人。

如卡耐基所言："你要衡量一下自我，宁愿要表面上的胜利，还是希望得到别人对你的好感。当然，少说话不是不说话，而是使自己有更多时间去聆听别人说话，去思考怎样使自己说出来的每一句话都有分量，被别人重视。那精彩的说话往往能在听者的心中激起千丈巨浪，给听众带来巨大的影响。"

其次，要学会找话题。

一是进行试探性的询问。在开始谈话时，你可以问问对方的职业、喜好。等略有了解后，再进行有目的的深入交谈，便能谈得更为自如。

二是根据对方的兴趣入题。如果你要使人喜欢你，如果你想让他人对你产生兴趣，你必须注意的一点是：谈论别人感兴趣的话题。一旦你能找到其兴趣所在，并以此为突破口，你的话就不愁说不到他的心坎上。比如，在与他人进行谈话时，你可以适当地问一下对方的兴趣。当了解对方的兴趣之后，再根据这个兴趣点与对方进行谈话，这样话题自然也就打开了。但倘若对方的兴趣点不是你感兴趣的，你也不要感到没趣，可以借此了解这方面的知识，做一个洗耳恭听者。

专家们给出实现和他人兴趣一致的三个步骤：一是找出别人感兴趣的事物；二是对他感兴趣的题目应该先获得若干知识；三是对他表示出你对那些事物确实感兴趣。

最后，寻找两个人之间的媒介物。

例如，你和一个朋友见面，你们两个人都戴了一顶帽子。此时，如果你没有话题可说，不妨从帽子这个话题展开交流。

总之，给他人说话的机会，要学会在交谈的时候留有空间，让他人可以接上自己的谈话，让他人有话可说。或者，谦虚一点，适时地向他人请教，把最终的总结权留给对方，让对方有可以发挥的空间。这样做，既不至于出现冷场的感觉，又不至于让对方觉得你是一个话痨，使人生厌。

操纵语言，操纵他人

在与他人打交道的过程中，谁操纵语言的能力强，谁就可以做一个主动者。

关于说话的技巧，这里列出八项原则。这八项原则，不但能使你了解对方，而且能帮助你了解自己。如果你能切实地去实行，你便能得到加倍的力量。

第一，温柔的悄悄话，是世间最有力量的话。它具有使人难以抗拒的说服力，并使人永远站在优势的位置。

第二，如果你想成为一位雄辩家，你就要随时注意并牢记别人所说的较有分量的话，或有深刻印象的话，这才是最有效的方法。但这并不是要你一味地去模仿别人而失去自我，而是希望你对于这类话语更加注意，养成习惯，以帮助自己构建属于自己的语言系统。

第三，沉默是金。数千年前的一位希腊诗人曾说过："世界上没有比沉默更宝贵的东西了。"的确，这句话至今仍是众人所信服的一个真理。沉默可以用冷静的头脑观察对方，如果你能洞察他人的心思，你就能轻而易举地把对方吸引过来。沉默可以使态度不友善或蛮不讲理的人，落入你预先准备好的陷阱里。对付顽固的人，以沉默的态度让他尽量发挥，他自然会逐渐不再坚持己见，转而要求你提出自己的意见。沉默使你不会说错话，不会做出虚伪与无意义的事情。对于对方来说，"静静地听"便是令他产生感激之情的最有效的办法。也许因为他当时正滔滔不绝、口若悬河，因此没有注意到你正以体谅的心情在听他诉说。但是，当他说话告一段落时，当他把心里要说的话说完的时候，他会感觉特别轻松。他就会开始喜欢你，对你的沉默难以忘怀，并表示出感激之意。话说完之后，便保持沉默，这就是最有效的说服力。你不妨试试看。

第四，面对表情严肃而僵硬的人，你不必害怕，反而要想：也许对方是为了隐瞒他的胆怯而毫无表情，是故作姿态，希望你先向他说话，表示出和善之意。所以，你必须尽量向他表示好感，引起他的话题。当你这样做的时候，你一定会发觉彼此间的气氛越来越温暖、越来越融洽，而这是你训练说话的最佳方法，你可以使对方成为你最忠实的朋友。

第五，说话以让对方了解为最高原则。要能完整而清楚地表达自己的意思，让别人读懂你、了解你。在你说话之时，他人通常会以两种态度来对待你：一是理解的态度；二是评判的态度。这就是你自我评价的基准。“人往高处走”是千古不变的法则。所以，要希望自我评价很高，或使他人对你有很高的评价，就必须经常自问：“他现在赞成我，但他是否已确实了解他将会得到的结果呢？”倘若对方赞成你是因为他已确实明了其结果，那么，此时你的力量已经对他发生作用，你大可放心了。

第六，说话时，切勿太唐突或太客气，最好能营造出一个缓和而诚恳的气氛。

第七，对自己所要说的话，不必加以解释，或添加不必要的感情语句。有的时候要切记不要滥用“请”“对不起”“谢谢你”等客气语，因为这会使你显得比较懦弱，不够强硬。太客气的话只能讲在必须讲的时候或者是不讲不足以显示文明素质的时候。

第八，当你说话时，必须将话题集中于一个目标，不要被一些细微的行为或对方反抗的态度所迷惑，要将所说的话视为推进目的的工具。

有一则寓言，是这样描述“百兽之王”狮子的：一日，狮子在草原上寻找猎物，发现一只斑马，便立即撒开四脚去追捕。而后又发现一只梅花鹿，它立刻放弃斑马，去追捕梅花鹿。而后又发现了羚羊、山羊、小羊等。只要看到新猎物，它就立即放弃旧的。追，又放弃，又追，又放弃，使它筋疲力尽，却什么都没追到。最后，它又看到了一只小白兔。这时，它想去追却已经无能为力了。小白兔便轻易地在“百兽之王”的爪下逃脱了。

这个寓言很明白地告诉我们，即使是力量强大者，也要在追求某一目标时保持合理的连续性，否则将一无所获。任何人想要获得某些东西时，必须意志坚强、精力集中，才能达成自己的目标。我们要试图让他人接受自己的意志时，也应该将说服计划建立在有系统、有目标的基础之上。当然，这并不意味着你必须显出严肃的神情，只有以从容的态度与轻松的心情去进行你的计划，才能收到预期的效果。

第七篇

搞定人，要学会防人

每个人生活在这个世界上，都离不开与各种各样的人交往。可是，知人知面不知心，骗子是绝不会在自己脸上写上“骗子”二字的。一些人为了达到某种不可告人的目的，经常编织出令人心动的谎言，诱使人上当受骗。因此，每个人都要学会保护自己，穿上“防弹衣”，躲过各种明枪暗箭，使自己立于不败之地，正所谓“害人之心不可有，防人之心不可无”。

有些人一定要防

人生好比大海行舟，每个人都在自己的船上，不要轻易抛弃自己的船而上别人的船。唯有保护好自己，躲过明枪暗箭，才能使自己立于不败之地。

生活中，我们每天都要与人打交道。最复杂、最难琢磨的就是人心。为人处世，参与竞争，就要练就一双洞悉人心的火眼金睛，不动声色地看清他人内心的真实想法。现代社会瞬息万变，竞争激烈，每一位成员都扮演着不同的角色。掌握了瞬间看破人心的本领，就能占尽先机，无往而不胜，成为生活的强者。

提起骗子，人们都深恶痛绝，不少单位和个人都有被骗的经历。在商场上，大到骗钱、骗物、骗合同，小到骗吃、骗喝、骗样品，骗子简直成了泻地水银、无孔不入。在这个浮躁的社会里，很多人都在做着一夜暴富的梦。于是，在光天化日之下，各种赤裸裸的骗局便铺满社会的每一个角落。

骗子的行为比起偷盗、抢窃的行为更隐蔽、更狡猾、更危险。骗子虽然不像抢劫那样直接威胁人的生命安全，但它却仍然能够让人恨得咬牙切齿，让你在失财失色的同时感到无比窝火。

骗子也分“三六九等”：低级骗子，街头行骗，利用道具做些小把戏骗人，这类人你不和他搭讪就可以避免上当；中级骗子，几个人合伙做个局，对你有逗有捧，云里雾去地把你迷惑，这类人也好防范，戒贪就可预防；最厉害的是高级骗子，你被骗了还帮他数钱，对着他顶礼膜拜，感恩戴德。

一个人的行为是外显的，而他的思想却是内隐的。有时候，行为和思想并不一致。由于种种原因，人们喜欢掩饰自己的真实想法，其言行与真实动机往往不一致。因此，与人相处，必须首先了解人们行为背后的思想“秘密”。

俗话说：“百人百性。”有些人看上去亲切和蔼，实际上却内心狡诈，仅仅披着一副友善的外衣；有些人当面对你毕恭毕敬，却不料一转身便开始说你的坏话；有些人披着诚惶诚恐的面纱，却不过是想利用你的善良和轻信来骗取你的钱财……还有一些人，虽然他们并不是有意要伤害你，但却喜欢传播小道消息、捕风捉影，结果使你蒙受了损失。人们常说：“画龙画虎难画骨，知人知面不知心。”由此可见，知心至关重要。

诚然，一个“防”字所体现出的处世风格是封闭、沉重、压抑，有悖于现代交际开放、明快、自由的原则与精神。但是，“防人之心”与“防人之道”在中国社会生活中的形成与客观存在不仅有其历史必然性，其间亦蕴含着若干合理性思维和对人性与人心的洞察，对它笼统地加以批评是不足取的。问题还在于，社会的现代化发展并非意味着人的道德的完善、人际关系的纯洁透明与阴谋诡计的不复出现。就此而言，“防人之道”仍然有它存在的理由。

尽管骗术不断变换包装，但基本套路仍然没有改变。只有揭穿这些骗术，才能让善良的人们看透骗子的表演，避免遭受损失。鉴于当前的社会状况，要想避免上当受骗，一要提高识别骗子的水平，二要加强自身防骗的能力。

凡事都要留一手

凡事最好留一手，并不是吝惜，舍不得，而是要在这个尔虞我诈的社会中，给自己增加一层保护墙。

大千世界，人心叵测，凡事最好留一手。

有一位慈祥的师父，把全身之术尽数传给了一个性情暴戾的恶徒。恶徒学艺圆满出师，不思图报，反倒认为留着师父就多了一个竞争对手，凭着年少勇力跟师父决斗，最后达到了罪恶的目的。

与此相反的一个例子是猫与老虎的故事。传说猫曾经做老虎的老师，教它诸多如怒吼、卷尾、跳跃、扑之技。但猫心想，老虎比自己不知要庞大多少倍，倘若日后它欲反扑于我该怎么办？于是，猫保留了一手爬树的本领。不久，老虎果然翻脸了，怒欲扑食猫老师。猫老师“嗖—嗖—嗖”几下就蹿上树顶，老虎抬头张望了一会儿，终是无计可施。

从以上两个例子可见，倘若师父留有绝招，也不至于身处惨境。

如果为上者没有留下绝招，恐怕日后难免受制于自己的属下。英明的从政者发布命令，必使由之而不使知之，这样才形成一种凝聚力，也就是向心力。向心力的形成是团结的重要手段之一。

此外，要分别不可使知之的策略，可使之明确要知的策略。这样一来，一种不可知、不可测、不可估量的力量本身也就成了另外一种力量。总之，绝招即是除非自己，别人无法了解的招数，并且是左右逢源、战无不胜、攻无不克的招数。

绝招之形成，正若下棋藏了棋路一般。要杀得出来，杀得回去。留绝招的基础是杜绝用感情成分干预。

对于一个涉世未深的青年人来说，有一点必须明确，那就是这个世界远非你想象中那么简单。做人做事，不妨留一手。只要你手中留有一手可以绝对制胜的绝招，任何时候，你都能处变不惊，因为你可以静观其变，而后全力出击，力挽狂澜。

有一个故事说，一个人善于角力，有 360 种解数，他教了徒弟 359 种解数。一次，徒弟对国王说，他不胜师傅，只为敬老。最后，他和师傅比武时，师傅使出最后一招，把徒弟顶翻在地。

圣人说过："不要把本事全部教给你的朋友，万一他将来变成敌人，你怎抵挡得住?"自己做事一定要留一条后路，心中就不会太过着急。事情做尽做绝，就像话说尽说绝一样，不是伤人就是别人伤自己。

凡事留一手，是给自己一条退路，也是防人之心。俗话说得好："害人之心不可有，防人之心不可无。"大千世界，芸芸众生。感情用事，轻信任何人，因为不防人，在小河沟翻船的比比皆是。做人要知道人生的潜规则，就需要懂得为自己留一手，为自己留条路。

哪些人可能是骗子

防骗的第一步是认清那些可能导致骗局的人，这样才能有的放矢，提高警惕，防止受骗。

当今社会，人的类型多种多样，骗子绝不会在自己脸上写上“骗子”二字。当然，人不是生下来就是骗子，而是在后天环境中培养出骗人的“才能”。有效防止被骗的关键，就是认清哪些人有可能玩弄骗术，制造骗局。由于人是骗术的设计者，又是骗局的执行者，所以，下面这些人有可能就是“危险人物”：

第一，吹嘘自己的人。人们都是想要表现自己、想要赢得他人尊重的，所以自然有些人就走上了吹嘘的道路。他们总是担心别人不知道他有多么“厉害”，所以经常自吹自擂。有些人吹嘘自己神通广大，结果别人求他办事却办不成，不仅招来了“不肯帮忙”“看不起人”等抱怨，而且自己也十分苦恼。还有冒充“大款”的人，为了面子上过得去，花钱大手大脚，搞得债台高筑，父母骂他不孝，朋友说他欠债不还，极个别的甚至为此而走上了偷盗、抢劫的邪路。过分具有虚荣心的人，总是从某种个人动机出发，追求一种暂时的、表面的效果，甚至弄虚作假，欺诈骗取。

第二，身份来历不明的人。当有人问起他的职业、身份、住址、过去等时，他对此一律避口不谈，讲出一大堆不愿回答希望保密的理由。尤其是他对自己目前靠什么手段、方法赚取生活费等，也说不清楚，这样的人就很危险了，最好快快远离他。

第三，轻诺而寡信的人。这种说话不算数，轻易向人许诺的人，经常逢人就说：“你有什么困难，尽管提出来，我一定帮你的。”等你真的需要他帮助时，他就音讯全无了。这种人一开始就没有替你办事的真心，所以，你一定不要轻信他的话。否则，你将受到意想不到的伤害。

第四，变色龙。这类人是立场不稳、见风使舵的人。也许刚才他在历数人家的缺点，把人贬得一文不值，甚至恨之入骨。可转眼间，对人的态度却来了 180 度大转弯，极尽善变之能事。这种“突变型”人物，不值得信赖。

第五，希望一夜暴富的人。这年头，很多人做着一夜暴富的美梦。于是，有些人便打着“迅速致富”的幌子，巧设骗局，诱人上当。

第六，毫无廉耻之心的人。人都有自尊心，大多爱面子。而有一些人，急需钱时，不择手段，偷盗、抢劫，卖淫等什么都干得出来，毫不知耻。面对这类人，你可要小心了。

从商场上来说，骗子的嘴脸虽然是多种多样而且又是千变万化的，但有一点是共同的，那就是能够“想你所想、急你所急”。你创业需要资金或企业资金紧张吗？你有一批商品找不到销路吗？你遇到什么麻烦找不着“靠山”吗？你想发财找不到门路吗？……骗子都能帮你办成，而且说得头头是道，让你深信不疑。

更为高明一点的骗子不但说得天花乱坠，如果看你是条“大鱼”，往往还会先给你一点“甜头”尝尝，以便让你“奋不顾身”地去受骗。随着形势的发展，骗术也越来越高，什么“潜伏骗”“连环骗”等层出不穷。有时，你被骗了还不知道骗子是谁。同时，骗子有时是“抓大放小”，有时是“既抓西瓜也抓芝麻”，甚至连一顿饭、几包烟或一点样品也不肯放过。

总而言之，骗子有如下几大特点：

第一，看起来绝对不像骗子。男女老幼，形形色色，或西装革履，或衣衫破旧，或柔弱美丽。骗子跟贫富程度也没关系，也许你觉得不可能，他那么有钱怎么会骗我这点钱呢？他那么有地位的一个人怎么会是骗子呢？他那么有气质的人怎么可能骗我呢？

第二，骗子往往给你编故事，而且越编越大。编故事是骗子的惯用伎俩。骗子利用你的某种心理，如同情心、虚荣心、盲从等，编故事给你听，有声有色，打消你的戒备。为了有说服力，有时还会找托儿来帮忙，或者扯虎皮做大旗，有时是名人，有时是权威，甚至是国家领导人等。但行骗成功后，就会消失得无影无踪。

第三，骗子之中，相当一部分是靠嘴成功的。这其中多数人都有一副能把稻草说成金条的嘴巴，而且能够根据你的情绪变化“随机应变信如神”。他所说的东西叫你感到比真的还真。这时，你就要提高警觉。凡是真的东西都有疵点，而假的东西往往能说得完美无缺。真的鲜花往往只能开上一季，而假花则是四季常开。凡是骗子，要把你作为“猎物”的时候，往往把你非常难办的事情说得非常容易，甚至他的举手之劳就能解决你天大的难题。一旦你有了“踏破铁鞋无觅处，得来全不费功夫”的感觉时，离受骗也就不远了。当你暗暗感到欣喜的时候，往往是你应该提高警惕的时候。

第四，凡是骗子，而又是单独行骗者，往往是先给你“套近乎”，进而对你过分热情。凡是这样的“见面熟”而又有超乎寻常的热情者往往有一定的目的，因为“世界上没有无缘无故的爱，也没有无缘无故的恨”。

第五，骗子的惯用手法就是让你用很少的付出就能得到意想不到的利益。骗子总是在给你灌输“吃小亏占大便宜”“过了这个村就找不到这个店”的思想。当你感到是一个难得的机遇的时候，你最好想一想“天上不会掉馅饼”和“世界上没有免费的午餐”的名言。俗话说：“想享福，必受罪，想占便宜必吃亏，胡思乱想，耽误瞌睡。”受骗往往是因为想得到意外的收获而导致的。记得哪位名人说过，人们的一切活动都是为了得到利益。尤其是在商场上，人们的各种活动都是和利益息息相关的。即使是正常的商人，为了取得最大的利益，也会进行必要的包装甚至伪装。

有人说：“百分之百地相信一个政客的话必受其害，百分之百相信一个商人的话必损其利。”这话听起来有点刻薄，细细品味不能说没有一点道理。所以，在商场上与人交往时，要多问几个为什么。

六招识破假装有钱男

凡是把有钱和认识有钱人放在嘴边的，大多是在编故事。

许多年轻女人总想找个有钱男人，让自己一劳永逸。可有钱的男人太少，很多男人都装作自己很有钱，做出一副“款爷”的样子，以取得希望能“嫁得好”的女孩的芳心。于是，全天下男人似乎都成了有钱人。即使没钱，也可以假装有钱人，一身名牌的行头配起来也不难，再有点社会经验，完全可以把涉世未深的小女孩侃晕，让其佩服得五体投地。

怎样才能识破这些装腔作势的家伙呢？你需要从以下几方面对他进行全方位审视：

第一，着装。当今社会，识别有钱的男人要看衣着。也许你会说，当然要看他是否穿着名牌，打着时髦领带，头发梳得油油，皮鞋擦得光亮，这样看起来一定就是款爷。其实，这是错误的。当今社会已不是20世纪80年代了，那个年代，油头滑面、穿高档名牌西装就是款爷的象征。反之，那些毫不起眼的男人，如穿着布鞋进入高档酒店宾馆，或者穿着布衫在大街上漫步行走，他们也许就是真正的款爷。因为他们有钱，有钱的男人当然要防着被打劫绑架之类，所以他们“真人不露相”。然而，当今社会，越是打扮时髦的男人，越是穿带整齐的男人，他就越可能是一个穷光蛋。因为这类没钱的男人，虚荣心极强，所以外表打扮得像个有钱人似的，给自己一种满足，以便让自己的周围能有美女围绕。

第二，谈吐。当代社会，你刚遇见一个有钱的男人，他一般不会马上对你表白自己的有钱身世，而是像平常的普通人一样与你交流。如果你遇见一个男人，他一开始就在你面前说着自己多么有钱，明天给你一套房子，后天送你一个钻戒，或者自己在哪开公司、开工厂，那么这样的男人纯粹就是一个骗子，根本就不是真正的款爷。真正有钱的男人，他是不会告诉你这么多的。越是有钱的男人，他就越害怕自己的爱情不保险，害怕女人是为了他的钱才和他在一起。所以说，有钱的男人一定要注意他们的谈吐、交流。对自己夸得越多的，越是穷光蛋的象征。反之，把自己夸得越少的，甚至对自己有实力的经济只字不提的，才是真正有钱男人的象征。

第三，举止。当你刚交了一个男朋友，在并不知道他有没有钱的情况下，就要看看他的举止、行动如何了。如果这个男人刚和你交往，你对他还并不了解，在没经过你的允许时，他就对你动手动脚，说什么爱你之类的话，那么这样的男人不是有钱的男人。有钱的男人往往不会对自己刚接触的女朋友动手动脚，因为他们有钱，多少女人巴结他们，什么女人他们没见过，又岂会在乎你一个呢？所以，识别有钱的男人要看他的举止行动。若他是大度的、尊重你的、规矩的，也是一个有钱的象征。

第四，手机。一方面，看他所持的手机款式。电话越旧、越老的男人，一般都是有钱男人的象征。有钱的男人根本不会在乎自己的手机是什么牌子，花多少钱去购买，要去充这个面子，他们所在乎的只是使用方便。反之，越没钱，还越拿着名牌手机的男人，他们往往是在打肿脸充胖子。另一方面，看电话的来电接听。有钱的男人，电话是特别繁忙的，而且源源不断。因为他们有钱，所以应酬多、朋友多、事务多。一旦发现繁忙接听电话的男人，而接听的电话语言都是公事、业务上的，这样的男人一般是有钱的男人。反之，一个男人拿着名牌电话，一天 24 小时不关机，却只有几个来电，或者没有来电，这样的男人就是假款爷。

第五，车子。当然不是让你看他开什么牌子的车，而是要看这个开车的人。很多女孩子都认为，有车的就是老板，错了。开车的男人并不绝对就是老板，因为很多老板不愿意自己开车，因为他们有钱，一般会雇司机来开。当然，这些司机也是穿名牌西装。当你没分辨清楚之前，还以为他开着车，就是老板呢，其实不然。如果这样的司机刚和你在一起，并没有告诉你他的身份只是个司机，也没告诉你他是个老板，那你一定要小心了。

第六，大方的程度。有钱的男人也要看大方的程度。当然不是看对女孩子花钱的程度，而是看平时生活中花钱的大方程度。现代社会，有钱的男人是比较小气的。当然，这里所说的小气并不仅指他们买东西、逛街等方面，而是指他们会精打细算。很多穷男人喜欢装款爷，他明明没有钱，还喜欢在女人面前演戏，外出买东西，只要能让女朋友开心，他身上有多少钱就掏多少，从来不还价，从来不节约，这样的男人其实根本不是有钱男人。反之，有钱的男人往往会对生活上的一些物品精打细算。因为他们有钱，越有钱的男人才越细心，越节省。他们的钱是自己赚回来的，对于节约方面，他们是很在乎的。所以，越有钱的男人越会小气。

以上几点是教女人们如何鉴别款爷的象征。如果你都看明白了，相信你就能识别有钱男人了。最后，提醒一些拜金主义的女人，如果想嫁入豪门，千万不要一开始认准款爷身份的时候，就找他们要这要那、买这买那。因为有钱的男人最忌讳刚认识女孩子的这种行为。所以，一定要慢慢来。碰上有钱的男人，一定要把眼光放长，不能只抓他当时的口袋，要抓的是他的心。一旦他对你动心，一旦你抓住抓稳了他的心，那么他的一切都是你的了，包括家产等，他的全部都将归你所有。因为男人天生就是赚钱给女人用的，款爷也一样，心到手了，他的一切就都是你的了。

对付男人装有钱和装认识有钱人的手段，女人的策略就是要学会假装正经和假装不正经。对于不了解的男人，先以假装正经测试其真诚与否，再用假装不正经或继续假装正经的方式过滤掉那些不同类型的不靠谱的、不准备发展的对象。一旦发现对方是假装有钱或假装认识有钱的，一律当垃圾扔掉。

瞬间看透女骗子

男人交女朋友一定要慎重，不要被虚有的外表欺骗，要看清楚事实的真相是什么。

很多女骗子虽大行其道，但万变不离其宗，就是使用色相。这类女人靠自己的嘴做生产力，不惜拿身体做生产力，充分发挥能动性，大搞感情投入，目的是收获金钱。出租自己，发包自己。女骗子通常先把自己表现得多么凄惨，生活多么紧迫，心理多么空虚。目的是让人有怜香惜玉的同情心，触动你心，让你为她而悲喜。不知不觉之中，你就上当了。接下来，就是骗你的情感或金钱。有的女骗子以身相许，糊弄想利用的人的情感，目的和野心在私下膨胀，计划在悄悄进行中。还有一种女骗子只用情感，属于玩弄情感的骗术。虽说少有人上当，却也屡试不败。

女骗子诱人上钩通常有如下三步：

第一步，相识阶段，精心包装，巧设圈套。为了能成功见面，托你帮她办事，也许是很小的事，但放长线钓大鱼，成功见面才是第一步。光通过网络、电话、短信，勾引力肯定不够。现在的美女骗子或非美女骗子，喜欢夸大自己的背景，说自己是高干家庭，父母、爷爷、亲戚如何如何，都是厅级干部，为自己营造良好背景，包括夸大自己的学历背景，毕竟没有人会查这些。偶尔拿出身份证、驾照，营造信任。说自己工作稳定，在大公司上班，月薪近万元，家中多套住房，下个月准备买车。

第二步，在相持阶段，不断编故事。通过“故事”来告诉你自己曾经多么傻、多么痴，从大学开始都是自己挣钱养活自己。虽然出身高干，但自食其力。还告诉你，为了一个 8 年的男朋友，多年和家里闹翻，而且这个男人后来几年一直在国外。8 年中，她一直在等他，连别的男人的手都没有拉过。后来，负心男与别人结婚，她孤独了 N 年，每天上班、下班，早早回家睡觉，直到遇见你，你是她第二个男朋友。让你觉得她遇见你之前的历史都是清白的。等获得男人的信任之后，她想尽方法去商店买东西。每天都有理由，比如说，要给领导买化妆品等借口，咱们再逛一下吧。然后，拉着你的手。结果，必然是选好东西，让男方掏钱、刷卡。

第三步，分开阶段，万事必有原因。因为纸是包不住火的，所以为了达到目的，一定要在最快的速度内和你建立某种关系，如情人、恋人、未婚女友。甚至分手后依然要和你做好朋友、死党，以获取最大的利益。之所以分开，必然是因为你的利用价值降低。对于她们来说，骗钱、骗色、骗感情，只要有的骗，不会放弃宿主。

网络情感欺骗更是多如牛毛，她开始以某一件事情为借口，有了话题就有了谈的机会。在这个过程中，她会竭力地奉承你、迎合你，让你感觉她有多么真诚、多么善良，使尽浑身解数让你对她有了初步的好感。等过了一段时间，她开始牵动你的心，拉着你的心灵走。当你心灵有触动的时候，她趁机表白心境，把编造的自己的凄楚的境地和遭遇说给你听，目的是让你同情她。当你的同情心萌生的时候，她会趁机表白，只有依靠你才能幸福、才能快乐。于是，她表示自己愿意和你白头到老，一生一世相爱到永远，仿佛罗密欧和朱丽叶一样的爱情再度降临人间。

美女经济被她运用得极为纯熟，她根本就不考虑脸面和道德。轻易以身相许的女骗子更为害人，她使被自己套牢的人近乎疯狂。伪善、虚荣、卑鄙、阴险、贪婪、毒辣是女骗子的本性；悲悯、凄楚、善良、心理空虚、以身相许是女骗子的伎俩；骗取信任、骗取金钱才是女骗子的真正目的。

八大信号轻松识破谎言

人一辈子都被谎言和欺骗所纠缠，畅怀大笑的同时，一定要洞悉人性的真貌、看清骗局背后的真相，从此活得明明白白，不再受骗上当。

为了某种需要，或者有难言之隐时，人们时常隐瞒自己真正的想法，而出现口是心非、表里不一的状态，这就是谎言。谎言是我们认识一个人的障碍。不过，只要我们时刻留心观察，同样可以瞬间识破谎言。

试图说谎和正在说谎的人，他们的心里一定会先武装起来，就像闭得紧紧的河蚌一样，你越急着把它打开，它反而闭得越紧。如果你暂时不去理会它，它就会解除心中的武装，一会儿就自然地打开了。正所谓："欲速则不达。"所以，这个时候，不要和他正面冲突。我们应该在对方有些动摇的时候，找出对方的弱点。运用循循善诱的方法使对方信赖你，让他有一种安全感。也就是说，我们要运用技巧，使对方因为你的影响而把实话完全吐露出来。

谎话只能说一次，如果经过两次、三次的重复，或多或少就会露出马脚。我们在日常生活中，常会发现这样的现象。例如，同事打电话来说："对不起，我家今天来客人了，不能去上班了，麻烦你帮我向领导请个假，谢谢！回头请你吃饭。"等过了几天以后，你可以不经意地问他："前几天你为什么要请假呢？请假可是要扣全勤奖的哟！"这时，他可能会说："没办法呀，我家宝宝得了急病！"由此，我们就很容易判断了，不是吗？

迫使说谎者说出实话，最有效的方法就是拿出有效的物证，它是识破谎言最好的方法，也是最有力的武器。不论对方多么巧舌如簧，只要我们有确凿的证据，他就不得不俯首承认。

人的形体语言是下意识的，也是最真实的。学会观察说谎时对方的表情、动作的变化，留意他们的言谈举止间所透露出来的谎言信号，就能借助形体语言轻松识破谎言。识破谎言是人与人之间的一种博弈，最终的判断还得靠自己。

信号 1：声量和声调突变

说谎时音调不自觉地升高，往往是因为说谎者为了掩饰虚弱的内心。如果你问他刚刚是谁打来的电话，他突然开始像喜鹊一样说话，你就得警惕了。

信号 2：不提及自身及姓名

如果你向某人提问时，他总是反复地省略“我”，他就有被怀疑的理由了。反过来说，撒谎者也很少使用他们在谎言中牵扯到的人的姓名。

信号 3：说谎时眼睛会向右上方看

说谎者从不看你的眼睛——他们知道这句忠告，所以高明的说谎者会加倍专注地盯着你的眼睛，瞳孔膨胀。每个人都记得小时候妈妈的批评：“你肯定又撒谎了——我知道，因为你不敢看我的眼睛。”这教会你从很小起就知道说谎者不敢看眼睛，所以人们学会了反其道而行之，以避免被发觉。实际上，欺骗者看你的时候，注意力太集中，眼球开始干燥，不得不更多地眨眼，这是一个致命的信息泄露。

信号 4：笑容说明一切

真正的微笑是均匀的，在面部的两边是对称的，它来得快，但消失得慢。它牵扯了从鼻子到嘴角的皱纹以及眼睛周围的笑纹。伪装的笑容来得比较慢，而且有些轻微的不均衡。当一侧不是太真实时，另一侧却想做出积极的反应。眼部肌肉没有被充分调动——这就是为什么电影中的“恶人”冰冷、恶毒的笑容永远到不了他的眼部的原因。

信号 5：反复问说谎者同一个问题

问一个人问题，然后等他回答。问第二次，回答会保持不变。在第二次和第三次之间留一段空隙。在这期间，他的身体会平静下来，他会想：“我已经蒙混过关了。”如果一个人说：“我不是已经和你说过这件事了吗？”然后才勃然大怒，这多半是在欺骗。他也可能对你说：“事情是这样的，我还是对你直说了吧。”

信号 6：真实表情闪现时间极短

人维持一个正常的表情会有几秒钟，但在“伪装的脸”上，真实的情感只会停留极短的时间。所以，你得小心观察。

信号 7：撒谎的人老爱触摸自己

撒谎的人老爱触摸自己，就像黑猩猩在压抑时会更多地梳妆打扮自己一样。人在撒谎的时候，越是想掩饰自己的内心，越是会因为多种身体动作的变化而暴露无遗。

信号 8：说谎时鼻子会变大

你知道说谎时人的鼻子会变大吗？人在说谎时的反应是多余的血液流到脸上，一些人整个面部都变红了，这还会使你的鼻子膨胀几毫米。当然，这通过肉眼是观察不到的。但是，说谎者会觉得鼻子不舒服，不经意地触摸它——这是说谎的体现。

警惕身边这些人

如果一个人一直在伤害他人或做出过分的行为，却又经常装可怜博取你的同情，那么你就要小心，他极有可能是没有良心的人。

坏人不会穿着特别的衬衫，额头上也没有做记号。而我们总是不得不根据猜测做出很多跟别人有关的决定，这又迫使我们经常采取很多不理性的办法，这些办法很有可能会变成我们一辈子都深信不疑的迷信——“不要相信年过30岁的人”“千万不要相信男人”“千万不要相信女人”“千万不要相信任何人”等，都是最常见的例子。我们需要一条清楚的规则，甚至是一条放诸四海而皆准的规则，因为“知道什么人得提防”对我们来说实在太重要了。但上述这些办法涵盖范围太过广泛，根本起不了什么作用。更糟糕的是，这些办法很容易让我们感到焦虑和痛苦。

某一厂家准备从国外进口一批设备。原主管发现这批设备是一些废旧机器，不过略加修理而后又涂了一层新漆而已。不仅机器陈旧，价格也偏高。因此，该主管据理力争。谁知，他的一个副手却放出风来并悄悄投递黑函，说他受贿赂浪费公款。很快，他被停职检查，而他的副手则继任他的职位。设备终于引进来了，使用不久就故障百出。后来，他才弄清楚那黑函及谣言都是他的副手一手制造的，是那位副手贪图财物，妄想官职，于是接受“回扣”，陷害他人，终于爬上主管的宝座，并且利用所受之财力购置自己的居室。此事后来不了了之，那位原来的主管却因此很长一段时间内难以再翻过身来。这样的例子是很多的。

朋友多了路好走，但朋友并非越多越好。对有一些人，还是与他保持距离好。

第一，不孝敬父母的人。一个人如果连生养自己的父母都不孝顺，其对感情的态度可见一般。这类朋友随时会出卖你，不交也罢。

第二，城府太深的人。这类朋友韬光养晦，把自己包得很紧，相处几十年从不讲自己的想法，也很难挑出他的毛病。与这样的人相处，你会怀疑他的真意究竟何在。

第三，喜欢奉承献媚的人。这类朋友表面上十分热情，处处投你所好，骨子里却另有所图，必须看清这类人的真面目。

第四，唯利是图的人。这类朋友是“万能胶”，粘上你便会很麻烦。这类人占便宜没够，吃亏难受，占不到便宜就立刻不理你。

第五，搬弄是非的人。这类朋友本事不大，搬弄是非的能力很大，好传闲言，甚至无中生有。一个团队中如果有一两个这样的人物，就很难保持团结。

第六，口蜜腹剑的人。口蜜腹剑比搬弄是非更可怕。这类朋友当面把你当作挚友，但只要有损于他的一根毫发，马上翻脸。

第七，轻诺寡信的人。这类朋友当面大包大揽，过后啥事不办，毫无诚信。对这类人，不可托付办事。

第八，信口开河的人。这类朋友兴之所至，高谈阔论，东拉西扯，言不及义。与这类人相处，毫无益处。

第九，人走茶凉的人。这类朋友常常是：你在职时，会百般奉承你；你一旦退休，立刻不认账，又去找新的靠山。

第十，过分亲密的人。这类朋友好奇心很强，对别人的事情总要问个底朝天，隐私也不放过。与这类朋友相处，你会感觉很累。

第十一，过分冷淡的人。这类朋友生性孤僻，不愿与人交际。你热情相交，他却爱理不理。对这类朋友，还是相忘于江湖吧！

明枪易躲，暗箭难防

人在江湖，明枪暗箭天天有，没有人事先通知你有人会害你。唯有平时加强防范，方能保护好自己。

“我再也不信朋友了，朋友最危险！”这句话出自一个网友口中，并不奇怪。这位网友说，他曾被朋友很深地伤害过，差点将他置于死地。所以，他再也不相信朋友了。宁愿和陌生人无关痛痒地聊聊天，也不再结交什么“朋友”。这虽然听起来可怕，但却是事实。老年人在告诫后辈时，也经常说：“害人之心不可有，防人之心不可无。”的确，“害人之心不可有”。然而，社会上光是不害人还不够，还得有防人之心。但明枪易躲，暗箭难防，别人要害你时也不会事先告诉你。例如，有人为了升迁，不惜设下圈套打击其他竞争者；有人为了生存，不惜在利害关头出卖朋友；有人走投无路，便狗急跳墙。

在人类的历史长河中，任何时代都不乏这种背信弃义的故事上演。大到宫廷争权夺利，导致夫妻反目、兄弟相残；小到民间草民缘起蝇头小利，结拜兄弟钩心斗角大打出手。于是乎，人与人之间形成了一堵人为的心墙，大家你防着我，我防着你，搞得处处草木皆兵，人人自危；人与人之间多了冷漠与防备，少了关爱与热情。在漫长的岁月中，免不了会遇到出卖、敌意、中伤、陷阱等种种料想不到的事情。如果事先预料到这些事的发生，并一一克服，便能使你的工作生涯一帆风顺。与工作岗位上的人交往时，必须掌握人与人之间虚虚实实的应对技巧。人生如棋，自己该如何出手，对方会如何应对，这是比下围棋、象棋更有趣的事情。

识人是一种技巧与本领：识对了，我们会找到真朋友，共渡生命旅程的风风雨雨，一路不孤单；识错了，视异己为友人倾心相待，轻则让你走段弯路，重则给你造成致命一击。朋友了解你最多，朋友要击败你比陌路人强劲百倍，你的致命弱点尽在他的掌握之中。然而，有些人把“防人之心”用得太过分了，对所有人都表示出不信任和敌视。结果，不但辜负了人家的一片诚意，而且把自己也变成一个不通人情、孤僻怪诞的人。“自疑不信人，自信不疑人。”所有对别人过分设防的人，多半都是由于缺少自信。假如我们深信自己的才干能力和品行都没有什么可以被乘机暗算的弱点和漏洞，自然而然就会用坦然的胸怀接纳别人的友情了。为了我们的人生精彩而不孤单，不要拒绝朋友。真朋友是用心识出来的，时时提防终难成朋友。

逢人且说三分话

如果别人了解你太多，你的弱点就容易被人知道，从而被别人利用。

古人说："逢人只说三分话，未可全抛一片心。"的确，与他人说话时，绝不可因为是无话不谈的朋友，或者一时脑子发热，而把自己的心思、想法全盘说出去。

很多人都有这样一种错误的观点，以为真正的朋友是没有隐私的。既然心都可以交给对方，也就没有什么话是不能说的。因此，不论喜怒哀乐，总喜欢将自己的那点事与人分享，还以为这就是对朋友的重视，就是对朋友的信任，这种想法似乎就有些一厢情愿了。

人有了心事，自然希望能找个人诉说，不能说这是一种不好的习惯。但是，我们也应该想到，自己的快乐和不幸对于别人是否真的那么重要。且不说别人是否有兴趣听，就是听了，能够往心里去的也没有几个人。真心的欢喜与廉价的同情，有时候真的是没有多少区别，就因为这一切都只是我们自己做出的判断而已，而别人的真实感受是不会写在脸上的。

没有人可以否认，交往的方式和说话的艺术是决定人生成败的重要因素。尤其是在当今这个人与人之间的关系错综复杂的环境里，仍然有它的现实意义，值得每一个人认真研究。我们必须知道，就像老虎会吃人，虽然未必就能吃到你，但不能不预防一样，今天的朋友，明天不一定都会成为冤家，却极有可能成为竞争对手或竞争对手的朋友。

有的人见到朋友，甚至是刚认识的人，就恨不得将自己的心交给对方，以为如此一来，就能加深或赢得对方的友情。我们不否认有这种可能，世上有各种各样的人，对待友情的看法也是多种多样的。有的人会欣赏你的这种个性，只是同样不能忘记，有的人也会因此对你产生不信任的感觉。一个连自己的心事都不能守住的人，也就很难得到别人真心的尊重。

不把自己的秘密全盘地告诉给对方是处世的潜规则。不要亲手为自己埋下一颗“炸弹”。倘若你不懂得这种说话之道，那么，你和他人之间的感情也会因为你的说话而使彼此变得复杂化。今天的朋友可能会变成明天的对手，今日的玉帛可能会化为明日的干戈。所以说，给自己留一点余地、留一条后路才最安全、最踏实。

大智若愚利于己

聪明人从来不认为自己聪明，因为真正聪明的人最怕别人知道他们聪明，从而加以防范。所以，他们总是掩饰自己的聪明才智。

“藏”是一种高层次的人生谋略，是自我保护的一种有效手段，它是成功者必备的基本素质。“藏”就是藏锋露拙，匿锐示弱。掩饰是一种怯弱的策略与谋划，因为要明确什么时候说真话、做真事，需要高超的智力和坚强的意志。所以，懦弱的政治家却是一个掩饰高手。老子曰：“良贾深藏若虚，君子盛德容貌若愚。”精明的商人总是隐藏其宝物，君子品德高尚，而外貌却显得愚笨。这句话告诉我们，要藏其锋芒，收其锐气。不能不问情况，让别人将自己一览无余。唯有如此，才能获得成功。聪明睿智的人，要用愚钝自居；见多识广的人，要用浅陋自守；大富大贵的人，要严守勤俭；仁德宽厚的人，要用谦让自律。如此处世，必能始终立于不败之地。一个人，如果能够尽量做到含而不露，力戒张狂和咄咄逼人，凡事都低调处理，便可以少生事端，更顺利地实现自己的远大抱负。

据《史记》记载，孔子曾经访过老子，向他请教礼。老子告诫孔子说：“一个聪明而富于洞察力的人身上经常隐藏着危险，那是因为他喜欢批评别人。雄辩而学识渊博的人也会遭遇相同的命运，那是因为他暴露了别人的缺点。因此，一个人还是节制为好，不可处处占上风，而应采取谨慎的态度。那些才华横溢的人，外表上看上去与愚蠢笨拙的普通人毫无差别。”此外，据《庄子》记载，当杨子去请教老子时，老子也谆谆告诫他不要太盛气凌人，而要谨言慎行。

大智若愚者要求自己在生活当中不要时时、处处显示自己的聪明。他们做人低调，隐藏自己，注重修身养性，从而使自身思想境界达到一个寻常人无法企及的高度。他们在言行上如愚蠢的人一般，掩饰自己的智慧高于他人，以避免因出风头所遭受的麻烦和危险。从表面上看，他们与平常人无异。然而，其内心是能够识别事物的本相及其错综复杂的关系的。只是他们为了避免自己由于超出平常人的智力，在所处环境中给他带来不必要的麻烦和风险，而装聋作哑罢了。

先哲道：“觉人之诈不形于言，受人之侮不动于色，此中有无穷意味，亦有无穷受用。”意思是，当我们发觉被人家欺骗时不要立刻说出来，当我们遭受人家欺侮时也不要立刻怒容满面。此话说得何等精辟！一个人能够有不动声色、吃亏忍辱的胸襟，在人生旅途中自然会有无穷意义和妙处，而且对自己的前途事业也会大有裨益，一生受用不尽。

为了达到高尚的目的，不露声色，假装糊涂，乃是行之有效的方法。一般人如果能够掩饰自己，很快就可能获得意想不到的东西。隐藏好自己的底牌，你就能够更有把握取胜。“事以密成，谋以泄败。”隐瞒自己的意图，迷惑自己的对手，就能事半功倍。否则，就可能遭受双倍的耻辱。

最好的保护伞是自己

任何时候都要擦亮自己的眼睛，不让他人有机可乘，使自己受骗。每个人都要学会保护自己，但在保护自己的同时，不要伤害别人。

网络在给人们展现高科技的同时，也展开了一张张空中交织的网。在这一张张网中，骗子们编织着种种陷阱和骗局。特别是最能体现时代色彩的网络和手机，更成为一些人行骗的工具，在你不知不觉中，把你困在“网”中……因此，每个人都要在生活中学会保护自己，适当地设防。在纷繁复杂的人际关系中，应穿上“防弹衣”，学会躲过各种明枪暗箭，使自己立于不败之地。

有这样一则寓言：

小蜗牛问妈妈：“为什么我们一出生，就背着这个又硬又重的壳呀?”

妈妈说：“因为我们的身体没有骨骼，只能爬行，可是又爬不快。所以，需要这个壳来保护自己!”

小蜗牛又问：“毛毛虫没有骨头，也爬不快，为什么它们却不用背着重重的壳呢?”

妈妈说：“因为毛毛虫能变成蝴蝶，天空会保护它们啊。”

小蜗牛接着又问：“可是，蚯蚓也没骨头爬不快，也不会变成蝴蝶，它们为什么不背一个又硬又重的壳呢?”

妈妈回答说：“因为蚯蚓会钻土，大地会保护它啊。”

听到这里，小蜗牛哭了起来：“我们好可怜，天空不保护，大地也不保护。”

蜗牛妈妈安慰他说：“所以，我们有壳啊！我们不靠天，也不靠地，我们靠自己。”

这则寓言说明，自己是最好的保护伞！蜗牛可以用壳保护自己，你有保护自己的壳吗？我们每天都要和不同的人打交道，你的“壳”的硬度直接关系到你的生活状态，关系到你能不能安心地做好你自己。对自然界来说，人的力量是巨大的。现在，人的生活生产对自然的负面影响是很大的。但作为一个人来说，个体和自然界相比是渺小的，在茫茫的人海中也只是一朵小小的浪花了。因此，人在自然和社会里的位置是微小的，很容易受到伤害。所以，我们要学会自己保护自己。

想一想，如果所有的人都如《三字经》所说的那样“人之初，性本善”，那么我们尽可以想象一个路不拾遗、夜不闭户的太平盛世。但是，现实的社会是这样的吗？人类发明了锁和钥匙，就是因为有的人太贪婪，他们想拥有本不属于他们的东西，他们想通过占有他人的东西而获得快乐，所以人们不得不发明了锁和钥匙来保护自己！可是，锁能够锁住门，但人却不可能一辈子都只活在大门以内。我们生活在一个丰富多彩的世界里，走出家门，首先一定要保护好自己。

亡羊补牢不如防患于未然

无数事实表明，亡羊补牢虽然不会造成更大的损失，但属于事后的补救方法，不如防患于未然。

事后控制不如事中控制，事中控制不如事前控制，关键是事前控制，不能等到出现重大问题才寻求弥补、亡羊补牢。羊跑了，赶紧修好羊圈，防止羊圈里其他的羊跑掉。而防患于未然胜于亡羊补牢，唯有如此，才能有效防止让羊逃跑的窟窿再出现。试想，战场上冲锋陷阵的号角吹响了，才临阵磨枪，一切都来不及了。人们应当未雨绸缪，防患于未然。与其在事故发生之后再采取措施来弥补，不如在此之前就对可能发生的危机进行防范。试想一下，如果养羊人在狼来了之前，先把羊圈的漏洞补好，那又如何会给狼可乘之机把羊叼走呢？与其在风暴之后重建吹倒的房屋、在洪水之后抗洪救灾、在荒年之后发粮赈济，不如在风暴之前修补屋顶、在洪水之前修筑堤坝、在荒年之前储备粮食。如此来说，防患于未然岂不是更优的选择？

莎士比亚说："人生就像窗外的天气，充满不可预测的雷雨、暴风。"要想在处处危机四伏的人生海洋中乘风破浪，航行到胜利光明的彼岸，就必须防患于未然。这样在危险突然降临时，才不至于手忙脚乱，一败涂地。防患于未然，是对突发危机的预先准备，是对未来各种情况的预测以及采取的相应措施。洪水未到先筑堤，豺狼未来先磨刀。中国有个成语"未雨绸缪"，说的就是这个道理。

有头野猪在路旁的树干上磨獠牙。一只狐狸正好经过，就问它为什么要磨牙齿："我觉得没什么必要，这里既没有猎人，也没有猎狗，我也看不出一时之间会有什么危险来临。"野猪回答："话是没错，可是一旦危险降临，我可没有磨牙的时间了。”

居安思危，防患于未然，是智者避免灾祸的良方，是降低损失的最佳措施。在危机四伏的社会里，无论是国家还是个人，都应该牢牢握住防患于未然这把钥匙，打开通向未来的大门，并把灾难和不幸挡在门外。

进攻是最好的防御

如果消极被动，我们的事业就会失去无穷的活力。只有在积极主动的工作中，才可以不断弥补自己的不足。相信自己，只要主动，就能创造奇迹！

在竞争异常激烈的时代，被动就会挨打，唯有主动才可以占据优势地位。我们的事业、我们的人生不是上天安排的，是主动争取的。

一支部队在防御时，处于静态。静态有张力，张力可以是全方位的，但分布是不均的。在守城时，处于绝对静态。这时，张力最大。但是，守城者无法攻击敌人侧后，无法消除敌人的冲击力。进攻则处于动态，动态有冲击力，冲击力是集中在一个方向的，同时减弱的是其他方向的张力。

主动出击就是为了给自己增加机会。社会、企业只能给你提供道具，而舞台需要自己搭建，演出需要自己排练，能演出什么精彩的节目，有什么样的收视率，决定权在你自己。其实，很多事情就像谈恋爱。谈恋爱的时候，你只有主动出击，才能够虏获芳心。

自古以来，创业难，守业更难。一味地守，其结果往往就是“失地陷城”。无数的历史事实告诉我们，进攻才是最好的防守。正如足球，其竞技的理念无外乎进攻与防守两种，所有的战略战术都是围绕这两种理念展开。但是，要想取得比赛的胜利，无论如何还是要依赖于进攻。即使是运用防守战术，也是要通过犀利的进攻，在反击中完成致命一击，获得进球，取得胜利。

在所有对抗性运动项目中，进攻和防守是一对形影不离的孪生姐妹。有进攻，必有防守，否则，其对抗性就不复存在。散打就是一个对抗性非常强的运动项目。学生在学习散打的防守动作和防守技术的时候，老师经常说一句非常经典的话：“进攻是最好的防守，若要对方打不到你，你就要积极主动地进攻。”在散打实战时，你积极主动地进攻，不停地出招，必然会降低对方的进攻频率，迫使对方保持防守或撤退的态势，你受对方进攻威胁的可能性就会降至最低。

人生奋斗，与散打实战同理。有奋斗，必然会遇到重重困厄。人与困厄互为对手，互为攻守。当你与命运中的困厄对峙的时候，请千万记住：进攻是最好的防守。为什么这样说呢？你只有主动出击，才有可能找到自己的客户，否则和守株待兔又有什么区别呢？

积极主动是人类的天性，如若不然，那就表明一个人有意无意地选择了消极被动。成功者与失败者的最大区别就是成功者做事都积极主动，而失败者则多半消极被动。

没有一种成功会自动送上门来，任何机会都需要主动争取。爱情如此，幸福如此，财富如此，健康如此，友谊如此，学习如此，工作亦如此。在工作中，你如果不付出努力，积极主动地做事，就无法得到任何发展的机会。机会总是给那些努力工作、主动进取的人，没有一个老板会给那些消极被动的员工以发展的机会，除非他们有其他方面的价值。

任何一个企业都迫切需要那些主动、负责的员工。优秀的员工不是被动地等待别人安排工作，而是主动去了解自己应该做什么，做好计划，然后全力以赴地去完成。要创造自己的生活，就要具备工作的主动性。我们要最大限度地调动自己的工作积极性。

的确，主动的人能改变世界！只要我们主动，我们就有改变世界的力量！我们不把命运交给别人安排，我们再不能消极地等待机遇的降临！凡事都去主动争取吧，那样我们才能有所收获！

以其人之道还治其人之身

以其人之道还治其人之身，是做人、做事的一种策略、一种智慧，但要慎用。

在网络游戏中，当你的菜不小心被你的朋友偷去的时候，你不必伤心、难过。因为他偷了你的，你也可以偷他的呀。正所谓：“以其人之道还治其人之身。”其实，说通俗点就是以牙还牙、以眼还眼的意思。

大学生亨利是个很正派的青年，有一次他却碰上了一件很尴尬的事情。这天傍晚，他走进有名的鲨鱼酒家，只见里面宾客云集，有一张桌子旁，只坐着一位年轻貌美的姑娘。亨利仔细打量了一下，从她华丽的衣着和傲慢的态度，判断她出身豪门，是上流社会的人物。于是，他走过去，彬彬有礼地问道：“这儿还有人坐吗?”“什么，到阿芙达旅馆去?”不意娇小姐竟这样大声喊起来。亨利有些慌乱，只好稳住神，继续低声解释：“不，不，您弄错了。我只是想问，这张桌子上除了您还有其他人吗?”“怎么，你说今天夜里就去吗?”娇小姐的叫声更尖厉了，而且显露出一种受侮辱的激动。亨利明白了，这绝不是小姐的听觉出了毛病，这显然是她预谋好的举动。她这样喊叫，是使其他人把亨利当成一个寻花问柳的浪荡子。果然，酒店里的人都转过头来，以愤怒而轻蔑的目光盯住亨利。他被弄得狼狈极了，只好红着脸赶紧到其他桌上找了一个空位子。过了一会儿，娇小姐主动凑到了亨利的桌前，为亨利叫了杯白兰地，以嘲弄的口吻对亨利说：“对不起，刚才我只是想看看您对意外情况的反应。”这回轮到敏捷的亨利大叫了，他说：“什么？一个晚上就要一百美元？要价太高了！”想看别人对意外情况反应的娇小姐，这次该自己处理意外情况了。结果，她也别无良策，只得在众人鄙夷目光的逼视下，灰溜溜地逃出了酒店。亨利略施小技，使她在众人眼中扮演了一个卖淫者的角色，喝下了自己酿造的一杯苦酒。

在现实生活中，这样的例子有很多，我们就不一一列举了。下面，我们再来看一个古代的小故事。

相传在很久以前，北印度有一木匠，技艺高超，擅长以木头做成各式人物。他所做的女郎，容貌艳丽，穿戴时尚，活动自如，并能斟茶递酒，招呼客人如真人无异，非常神奇，唯一不足之处就是不能说话。

当时，在南印度有一位画师，画技非常了得，所画人物，栩栩如生。有一次，他来到北印度。木匠久闻此画家大名，意欲相聚一下，于是备好酒菜，请画师来家做客，又让自己所做的木女郎斟酒端菜，招呼十分周到。画师见此女郎，秀丽娇俏，心生爱恋。木匠看在眼里，故作不知。

在酒酣饭饱之后，天色已经很晚了。于是，木匠便要回去自己的卧室。临走时，他故意将女郎留下，并对画师说："留下女郎听你使唤，与你做伴吧。"客人听了，非常高兴。等主人走后，画师见女郎伫立灯下，一脸娇羞更加可人，便叫她过来。但是，女郎不吭声，没有动静。画师看她害羞，便上前用手拉她，这才发觉女郎是木头人，顿时觉得惭愧，心念口言说："我真是个傻瓜，被这木匠愚弄了。"越想越生气，要想办法报复。于是，他在门口的墙上，画了一幅自己的像，穿着完全与自己的一模一样，并画了一条绳在颈上，像是上吊死去的样子，又画了一只苍蝇，叮在画中人的嘴上。画好像后，他便躲在床底下睡觉去了。

等到第二天早上，主人见画师久久没有出来，看见画师门户紧闭，叩门又没有人，于是，透过门窗缝隙向内望去，赫然看到画师上吊了。惊恐万分的木匠，马上撞开门户，用刀去割绳子。但等割的时候，才发现原来只是一幅画而已。这让木匠很是恼火。其实，木匠何必气呢？画师只不过是"以其人之道还治其人之身"罢了。

从上述两个小事例中可以看出，以其人之道还治其人之身的确可以使问题得到解决，但具有报复的意味。所以，能不用时尽量不要用。

分辨那些口蜜腹剑之人

每个人都喜欢听甜言蜜语，但听到别人的甜言蜜语时不能昏了头，而应该在对方的好话和赞扬中领悟对方的意图。

有的人在说好话的时候，是单纯的、发自内心的表露，没有什么用意。但有的人却是居心叵测，别有用心，可能是为了某种目的而亲近对方。面对别人甜言蜜语的称赞，你一定要冷静面对。

唐朝的李林甫是唐玄宗时的宰相，一人之下万人之上，地位十分显赫。论政绩，为相近 20 年的李林甫是有些工作成绩的；说才艺，李林甫也算有两把刷子，能写会画。但是，讲到为人处世，李林甫可是非常不地道。与人接触时，表面上他总是满脸和蔼可亲，尽说些让人“感动”的“知心”的话，内心里却已经开始害人了。

有个叫严挺之的官员，被李林甫排挤到外地去任职了。一天上朝，唐玄宗想起此人，就问李林甫严挺之现在哪里，并说还想任用严挺之。退朝后，李林甫把严挺之的弟弟找来，说：“你哥哥不是很想回到京城吗？我倒有个办法。”严挺之的弟弟见李林甫如此关心他哥哥，很是感动，连忙请教怎么办。李林甫说：“让你哥哥给皇上上一道奏章，说他得了重病，请求回京城看病。”后来，严挺之真的按李林甫说的上了一道奏章。李林甫拿着奏章去见唐玄宗，说：“真可惜呀，严挺之得重病了，不能做大事了。”对此，唐玄宗很感惋惜。

一天，李林甫一脸诚恳地对同僚李适之说：“华山有丰富的金矿，如果开采出来就能大大增加国家的财富。可惜，这好事皇上还不知道。”李适之信以为真，忙去向唐玄宗提议快点开采。唐玄宗听了很高兴，立即把李林甫找来商议。李林甫却说：“这事我早就知道，只是不敢对陛下说。因为华山是帝王‘风水’集中的地方，怎么能随便动呢？别人劝陛下开采华山，恐怕是不怀好意吧？”唐玄宗被他这番话所打动，觉得李林甫真是一位忠君爱国的好臣子，相反对李适之却大为不满，也就对李适之渐渐疏远了。

上述两件事只是李林甫为人不地道的“沧海一粟”，类似的事还有不少。

要不，司马光的《资治通鉴》怎么会在评价李林甫为人时说“世谓李林甫‘口有蜜，腹有剑’”呢？“口蜜腹剑”的典故也就是这么来的。

生活中，甜言蜜语是常有的。但如果你发现一个人总是不停地给你甜言蜜语，你就应该格外注意。只有细细分析他的真实意图，才能防止被他人掌控和利用。

第八篇
找对人，办对事

找对人、办对事是一门学问，没有一定的技巧是找不到人、办不好事的。在社会上正常生活的人，都有过找人办事的经历。找到了人，事情才好办。所以，善于观察并发掘能为你办事的人，并与其建立良好的关系，是你办事成功的关键。

找人办事要有底气

一个人立身行事，应当有底气支撑。底气足，则事业兴、道路广。

当今社会，每个人都离不开别人的帮助，不是你找我，就是我找你。如果你是一个“万事不找人”的人，那么你注定是孤立的、失败的。当然，许多人不是不想去找人办事，而是不敢，没有底气，因为他的内心充满自卑、恐惧等消极因素。

所谓底气，就是发自内心的一股正气、才气和豪气。有没有足够的底气，决定着一个人办事是否有足够的魄力。底气足，则处事雷厉风行、果断有力，做人昂扬向上、正气凛然。底气不足，则畏畏缩缩、优柔寡断，让人不可信、不放心，必失之于软、困之于力、流之于俗、毁之于形。因此，做人需要底气，办事更需要底气。

人最重要的底气不是外在的，而是内在的，就是要相信自己，把握形势，敢说敢做，靠自己的见识取信于人，打开自己的道路。与人交往，缺少人缘，这是人气不足；任务面前，有人不敢接，能推则推，这是因为才气不足；遇到困难，需要克服，有人退缩，这是豪气不足。

只要心中有底气，不论你表现得多么谦卑、多么客气，别人都能感受到你的自信。财富、学识、家庭背景、专项技能等，这些都能成为你的底气。最常见的就是许多人面对漂亮的商店大门畏畏缩缩，因为他们兜里没东西能让他们昂首挺胸地跨进那个门槛。人无底气不壮，浑身有气无力。可能你性格内向，总是感觉很自卑，说话没有底气。其实，你只要正确认识自己，全面地看待他人和自己，就会发现自己并没有那么差，而是自己太在乎他人的看法或想法了。而他人的看法或想法不一定正确，于是引起你不必要的自卑感。

做人需要底气，这种底气是一种无须张扬的厚实，一种并不陡峭的高度，一种“舍我其谁”的从容，一种“俯仰无愧于天地”的坦荡。

有信心就成功了一半

一分自信，一分成功；十分自信，十分成功；没有自信，便没有成功。

成功是需要有信心的。一个获得巨大成功的人，首先是因为他自信。没有信心，一个小小的风浪也会将人淹没，一次小小的失意也会使人不能重新站起。而成功者必定是有胆有识、有勇气、有魄力、有信心的人。

命运如同掌纹，弯弯曲曲，却握在我们自己的手中。只要不失去那个叫自信的支点，在困难艰险的环境里，我们同样可以活得更好；只要我们拥有信心，我们就可以用心去书写自己人生的美丽画卷。

罗伯特·波顿说："信心并不只是心灵拥有的一种想法，而是一种拥有心灵的想法。"信心就是无需任何确证就相信某种事物的能力，信心的基础是相信自己。

在生活中，你是否产生过这样的疑问：我该相信谁的话呢？是否问过自己，是相信别人重要，还是相信自己重要呢？对自己没有信心的人不能参与竞争。如果缺乏自信，你就无法体味人生的真谛，总认为自己不如别人。那么，在竞争激烈的今天，你就必然被社会所淘汰，成为一个无用之人。

自信就是要相信自己，从而激发自己去奋斗和拼搏的斗志，自信就是鼓舞和爱护自己，而不是一味地去怀疑和否定自己，进行"自我消耗"，到后来真的没有勇气去面对竞争了。"充满信心"和"缺乏信心"是两种截然不同的态度，它决定着一个人能不能在竞争中取胜。如果我们对自己够诚实的话，就知道自己是不是真有自信心。自信是一种无形的品质，不是你吃些什么就能得到的东西，但它可以被"开发"出来。"开发自信心"是对未来的重要投资，我们可以利用它创建自己的未来。

你的自信心能直接反映出你对自己的态度。你和自己的关系是你所遇到的最重要的一种关系，是你建立其他关系的基础。如果说"某人没有自信心"，其实就是在暗示他的人格缺陷，"缺乏自信"是阻碍成功的自然弱势。

自信，使不可能成为可能，使可能成为现实；不自信，使可能变成不可能，使不可能变成毫无希望。

伟大的思想家卢梭在步入中年时，经过多年的冥思苦想，终于发生了重要变化。他再也不是那个腼腆、羞涩、过于谦逊，既不敢见人，又不敢说话，一句笑话就使他手足无措，被女人看一眼就羞得面红耳赤的人了。他大胆而豪迈，处处显示出一种自信。他的自信给他带来勇气，使他后来成为一个巨人。他说："我那突如其来的辩才就是从这里产生的，那种自天而降、燃烧我心灵的烈火，也就是从这里散布到我的作品里的。而这种神奇之火，在前四十年中一直不曾迸发出些许微小的火星来，因为它那时还没有点燃。"

要时刻敢想敢说敢做，保持一种自信的良好状态，有时则可"不战而胜"。自信心是一种心理表现，也可以认为是一种人的潜意识。但人如果把自己的潜意识激发出来，那将是多么大的力量啊！相信自己能够成功，往往自己就能成功，这是人的意识在起作用。当意识做所有的决定时，潜意识则做好所有的准备。自信心帮助你走向自己的目标，从而作为潜意识挖掘你的能力，所以更要有自信心。

传说，有个勤奋好学的木匠，一天去给法官修理椅子。他不但干得很认真、很仔细，还对法官坐的椅子进行了改装。有人问他其中的原因，他解释说："我要让这把椅子经久耐用，直到我自己作为法官坐上这把椅子。"心想事成，这位木匠后来果真成了一名法官，坐上了这把椅子。

这位木匠通过自己的努力，最终走向自己的目标，更多的是自信心支持着他。敢想敢说敢做，这不正是潜意识中的自信推动了他吗？

自信可以使你从平凡走向辉煌。当你满怀信心地对自己说："我一定能够成功。"这时，人生收获的季节离你已不太遥远了。

"自信"的"信"，就是一个人加上言，表示它一直站着，它一直在说："我是最好的，我是最棒的，我是最优秀的！"

自信就是相信自己，这边风景独好！用心经营自己所拥有的一切，努力攀登下一个目标。自信是成功的首要前提，拥有自信，你将会成功一半。如果你连自己都不能相信，别人的鼓励又能产生什么作用？

自信就是受到伤害和挫折不会被击垮，咬着牙露出藐视的微笑，尽管眼中闪着泪花！坚持着不倒下，让对方害怕，让困难却步！要常常想想自己的好，并且强化这种优秀的感觉，给自己更多的激励和肯定，把自己当作不断超越的目标，百分之百地信任自己！

做任何事情都是一样，都要相信自己。只有相信自己，你才能做好。相信自己，遵循内心的梦想努力实践，自身才会充满生命的能量，充满生命的激情。请相信自己，不论前途多么崎岖，它注定要为你延伸一条跨越山脉、走向成功之路。只要你勇敢地朝着希望的方向走，你就不会失败！

大胆做事，重要的是要有积极的心态，要敢于对自己说：“我行！我坚信自己！我是世界上独一无二的人！”就像释迦牟尼诞生时，一手指天，一手指地，说：“天上天下，唯我独尊。”

世上真不知有多少失败者，只因没有坚强的自信力，他们所接近的也无非是些心神不定、犹豫怯懦之辈，他们三心二意，永无决定事情的能力。他们自身明明有着一种成功的要素，却被自己活生生地推了出去。

有许多人对事业曾经失去过信心，但最后还是重新建立了自信，挽回了事业。高调做事的人一贯保持这种价值连城的成功之宝，正如应该争取高贵的名誉一般重要，因而成功往往属于他们。

缺乏自信时，更应该表现出充满自信的举动。缺乏自信时，与其说自己没有自信，不如告诉自己是很有自信的。为了克服消极、否定的态度，我们应该试着采取积极、肯定的态度。如果自认为不行，身边的事也抛下不管，情况就会渐渐变得如自己所想的一样。

找到“贵人”好成事

在攀向事业高峰的过程中，“贵人”相助是必不可少的重要一环。

我们一直相信“爱拼才会赢”，但偏偏有些人是拼了也不见得赢。究其原因，是因为不懂得找到“贵人”相助。很多事情就是这样，当我们无力去完成一件事时，不妨向身边可以信任的人求助。也许对我们来说费力不讨好的事情，对他们来说却可能是不费吹灰之力就能轻松“搞定”的事。与其自己苦苦追寻而不得，不如将视线转一转，呼唤那些有能力解决问题的人。

除非你的运气特背，否则，在你的一生中，总会遇到几个“贵人”。例如，你在工作中一直不是很顺利，表现也欠佳，心灰意冷之余，你开始打退堂鼓，产生放弃的想法。你的一位上司在这个时候推了你一把，设法帮助你跨过了门槛，你的斗志就会被重新燃起。

“贵人”可能是指某位身居高位的人，也可能是指令你心仪已久或模仿的对象，他们在经验、专长、知识、技能等各方面都比你略胜一筹。因此，他们也许是师傅，也许是教练，也许是引荐人。

有“贵人”相助的确对自己的事业很有益。有一份调查表明，凡是做到中、高级以上的主管，有90%都受过栽培；至于做到总经理的，有80%遇到过“贵人”；自己当老板创业的，100%全部被人提拔过。

话虽如此，要想被“贵人”相中，首要条件还是在于被保送上的人究竟有没有才干。俗话说：“师傅领进门，修行在个人。”如果你一无所长，却侥幸得到一个不错的位置，保证后面一堆人等着想看你的笑话。毕竟，千里马的表现是好还是坏，代表伯乐的识人之力。找到一个扶不起来的人，对“贵人”的荐人能力，也是一大讽刺。

除了真正是基于爱才、惜才之外，一般而言，“贵人”出手，多少都带有一些私心，目的在于培养班子，巩固势力。但也有一些接班人羽翼丰满之后，立刻另筑它巢，导致与师傅失和，反目成仇。这类故事是屡见不鲜的。

良好的伯乐与千里马的关系，最好是建立在彼此各取所需、各得其利的基础上。这绝不是鼓励我们唯利是图，而是强调彼此以诚相待的态度。既然你有恩于我，他日我必投桃报李。

要想寻找“贵人”，以下是必须谨记的：

第一，选一个你真正敬仰的人，而不是你嫉妒的人。绝不要因为别人的权势，而犹抱琵琶，另搭顺风车。

第二，摸清“贵人”提拔你的动机。有些人专门喜欢找弟子为他做牛做马，用来彰显自己的身份。万一出了事，这些徒弟不仅捞不着好处，还可能成为替罪羔羊。

第三，要知恩图报，饮水思源。有些人在受人提拔，功成名就之后，往往就想遮掩过去的踪迹，口口声声说“一切都是靠我自己”，毫不犹豫地一脚踢开照顾过他的人。如果你不想被别人指着鼻子大骂“忘恩负义”，可千万别做这种傻事！

联合他人把蛋糕做大

一个人的能力是有限的，只有善于与人合作的人，才能弥补自己能力的不足，达到自己原本达不到的目的。只要有心与人合作，善假于物，就能取人之长，补己之短。

真正的合作，是取得成功的最佳方法。因此，凡是成大事的人，都有力图通过合作的方式来成就自己的习惯。

清末名商胡雪岩不甚读书识字，但他却从生活经验中总结出一套哲学，归纳起来就是“花花轿子人抬人”。他善于观察人的心理，把士、农、工、商等阶层的人都聚拢起来，以自己的钱业优势，与这些人协同作业。由于他长袖善舞，所以别人也为他的行业所打动，对他产生了信任。他与漕帮协作，及时完成了粮食上交的任务。他帮助王有龄开拓官场道路，自己也有了机会在商场上发达。如此种种的互惠合作，使胡雪岩从一个小学徒工变成一个执江南半壁钱业之牛耳的巨商。

能力有限是每个人都存在的问题。但只要有心与人合作，善假于物，就可以互惠互利，让合作的双方都能从中受益。

但是，有些人却信奉另外一种哲学。他们认为，财富总有一定的限度，你有了，我就没有了。其实，这是一种享受主义哲学，而不是一种创造财富的哲学。财富创造得来固然是为了分享，但我们的注意力并不在这里，我们更关心的是财富的创造。

同样大的一块蛋糕，分的人越多，每个人分到的就越少。如果斤斤计较这些，我们就会相信享受财富的哲学，就会去争抢食物。但是，如果我们是在联手制作蛋糕，那么，只要蛋糕能不断做大，我们就不会为眼下分到的蛋糕小而感到不平。因为我们知道，蛋糕在不断做大，眼下少一块儿，随后可以随时再弥补起来。而且，只要联合起来，把蛋糕做大了，根本不用发愁分到的蛋糕小或是分不到蛋糕。

朱光潜曾告诉我们，与人合作，品质是最主要的。他还认为，养成合作的习惯还不算成功，更重要的是要有好的品质来维系这一合作习惯，使之不断完善和提高。

荀子说："人，力不若牛，走不若马，而牛马为用，何也？曰：人能群，彼不能群也。"

既然与人合作是一种本能，与人合作是快乐的源泉，那就应该把它融于工作之中，建立良好的合作关系，在合作中体味成功的快乐，展现良好的品格。

利用乡情打动人心

掌握并恰当地利用好“老乡关系”，不管是对于自己还是对于我们的事业，都是有一定好处的。

有一首歌中这样唱道：“老乡见老乡，两眼泪汪汪。一口家乡话，句句诉衷肠。老乡见老乡，心儿滚滚烫。一壶家乡酒，滴滴暖胸膛。家乡话呀分外亲，家乡酒呀格外香。出门在外不容易啊，老乡帮老乡。”既然中国人对老乡有这种特殊的感情，那么学会利用同乡关系，不但可以多几个朋友，更重要的是办事时能得到关照。古往今来，利用乡情办事的事例数不胜数。

清朝末年，大太监李莲英之所以会有出头之日，就是因为运用了这种关系。李莲英从小出身贫苦，个子也不高，而且还很瘦。若以当朝选拔太监的标准来衡量，他是完全不够资格的。怎么办呢？怎么样才能使自己被选拔上呢？偶然间，他听说有一个老乡在宫廷中做太监，而且还很近，是同村的。于是，他感到从这里可以找一个突破口，就想大胆地去找这个老乡。可是，他转念一想：去找老乡帮忙，也不能空着两手去啊。这样怎么能算求人办事呢？可是，他当时太穷，连吃饭都成问题，更何谈用钱买东西送礼呢？后来，他听说这个老乡对乡情看得很重。既然这样，他又想到不用送礼，寻找其他的办法来引起老乡的注意，这样事情也有成功的可能性。

就这样，他想啊想，终于想到了一个好办法。他经过多方打听，知道他老乡当值的日子，就趁那天去报名。到了以后，他用一口浓重的家乡话与考官说话。李莲英的这位老乡听了这熟悉的声音，不由得愣了一下，遂抬头看了看李莲英。

后来，李莲英不仅被选中，而且还在这位老乡的帮助下，在慈禧太后梳头屋里做了太监，渐渐成了太后身边的红人，以至于后来平步青云。

从这个故事中，我们可以看到，虽然李莲英仅仅说了几句家乡话，但由于他说的是乡音，让对方听起来很有亲切感，所以很容易博得同乡人的注意。在这种情况下，李莲英轻而易举地获得一个太监的名额，想来也不是太难的事情。

用家乡话做见面礼，而不需送礼，可以说是比较标新立异的。但是，使用这种方法要切记，一定要在异乡使用，因为在异乡才会有思乡情结，才会对老乡产生浓厚的亲切感，给人一种他乡遇故人的情愫，又岂会有不高兴之理呢？所以说，离乡越久的人这种情愫就越重，而越是这种情况，你就越要运用乡音这种招数来博得老乡的注意。这样一来，你获得种种好处的可能性也就会加大。

随着市场经济的发展，很多人都会去外地谋生、发展，而当你遇到困难或者遇到难以迈过的坎时，不妨想一想用老乡的关系化解危机，从而迎来柳暗花明又一村的崭新局面。

良禽择木而栖，贤臣择主而侍

只有选择对了，优秀人物的才华和抱负才能实现。如果你一时不慎看走眼，那么另攀高枝就是你唯一正确的选择。

如果你手上有一粒理想的种子，就一定找一个理想的地方把它种下去，别让你的理想因气候或水土不服而埋没了。因此，精明的人知道不能把一身才华白白浪费在注定无所作为的主子身上，他们会选择另攀高枝，在适当的时候和适当的地方让自己的理想再度萌发。

在中国历史上，有许多愚忠之臣。他们死守做臣子的道德准则，即使面对昏庸无比的皇帝，也死心踏地地跟着。到头来，一腔热血最终洒在崩溃王朝的废墟中，成了那个时代的殉葬品。他们的精神固然值得钦佩，但他们的做法实在是有待商榷。

时代是不断变化发展的，人的思想也应该不断跟着前进。姜子牙助文王灭纣成为永垂千古的美谈，而那个可怜比干的下场便是愚忠之臣的镜鉴。识时务者为俊杰，择主依时而变在任何时代都是一条颠扑不破的做人准则。穿透千年历史风云，有智慧的人都能悟透这一玄机。

马援是东汉初年著名的政治家和军事家，为东汉王朝的建立和巩固以及四域的开发，做出了巨大的贡献。他以卓越的政治远见和军事才能，在我国军事史上写下了光辉的一页。马援是一个聪颖而识大体的人。他之所以功成名就，是因为其慧眼择明主而事起到了非常关键的作用。

马援自小便有很大的志向，在未遇明主之前，虽满腹才略，却也不得不随波逐流。他曾游遍西北数郡，以开阔视野和胸怀。而后又流落到北方以畜牧为生，生活简朴而惬意。但逍遥惬意的生活，并未使马援忘却志向。他深忧时局，不能自安。他曾对宾客说："丈夫为志，穷当益坚，老当益壮。"可见其抱负和志向的远大。

这时，正是王莽末年，社会局势动荡不安。各地义军揭竿而起，豪强地主也纷纷割地称雄。当时，除刘秀建制称帝外，其他自立为王的霸主也不可胜数。就是在这种大势之下，有人开始慕马援之名，将其推荐给王莽。马援感到盛情难却，于是跟随了王莽。然而，马援见王莽没有治国安邦之才，于是丢下官印又返回北方，重操旧业。他再次冷静地对时势做进一步的观察与分析，以便择明主而事。

不久，割据天水（今甘肃一带）的隗嚣又慕马援之名，请其“出山”并予以重用。但是，尽管隗嚣对马援言听计从，但马援注意到，隗嚣与刘秀相比，不过是“介于大国，孤立一隅”，根本成不了气候。于是，他不得不婉言谢绝了隗嚣。

当时，还有另一股强大势力，那就是称帝巴蜀的公孙述。于是，隗嚣让马援去公孙述那里一探虚实，以便在刘秀和公孙述之间权衡。

马援与公孙述在小时候曾经交好，而公孙述对马援却大摆帝王架子和排场。马援厌恶其作风，因而对公孙述的挽留也婉言谢绝了。回去之后，马援就以公孙述是井底之蛙和妄自尊大为由，劝隗嚣专意归汉。

于是，马援又一次出使洛阳。刚到洛阳，刘秀就派了专门迎接的人，而刘秀也仅用布包头，在宣德殿走廊下笑脸相迎，也不设任何警卫。见刘秀待人简易谦诚，马援心中万分感慨，从而与刘秀一见如故。他常常与刘秀深谈，且随其外出巡视，眼界大开。马援终于认定刘秀即为“安民之主”。

正在这时，隗嚣的野心再一次膨胀起来，竟然把自己比作周文王，准备称王，与刘秀公开相抗。马援析大势，识大局，终于辞别隗嚣而投刘秀。从此，马援便登上了东汉统一战争的历史舞台，以其雄才大略，屡建奇功，实现了远大抱负，终成一代名将。

马援能够在动荡的形势下，选择投奔明主刘秀，其举措非常明智而富有远见。其实，天下“百姓思汉”而渴望统一，而刘秀集团正是这一趋势的代表。由此可见，马援确实是识大体而能慧眼择明主，让人叹服。

在人生道路上，选择是人生旅途中重要的一步。每个人大概都有这样的体会：能够处理好与上司的关系，对个人的工作环境、工作效绩都有重要的意义。但是，如果你跟随的上司是个处理能力不够，只知道投机取巧，自私自利，不肯提拔员工的人，你将来的前途是有限的。所以，选择一个好公司，不如选一个好上司，这样我们的事业才会得到辉煌发展。

善于借用外力，你就是赢家

“借”包括借钱、借物、借技术，还包括深层意义上的借文化、借名人、借事件、借形势等。“借”是办事的一门大学问，即使你身无分文，有好的“借功”也能大有作为。

成功人生是每个人都梦寐以求的，却不是每个人都能轻易得到的。这是因为，个人的力量相对于社会整体而言实在是太弱小了，以至于单凭一己之力几乎无法实现。

在织满各种关系网的现实社会中，要想成功办事，就必须学会借用他人的力量，并把这种外力融入自己的人生奋斗中。这才会使自己的能力成倍增长，使自己要办的事轻而易举地完成，使自己期望的梦想变成现实。

古人说：“下君之策尽己之力，中君之策尽人之力，上君之策尽人之智。”

自古以来，凡是成功者，都是善于借用外力者：周文王为了借人才助自己消灭商王朝，亲自去渭水河上访求姜子牙；刘备为了借人才助自己创基立业，亲自去南阳卧龙岗三顾茅庐礼请诸葛亮；朱元璋为了打天下，投奔于义军首领郭子兴门下……正所谓：“好风凭借力，送我上青云。”办任何事，只有善借才能常赢。无论你是平民百姓还是名人大腕，善于借助他人力量的人，才是人生的大赢家。

在成功学上，有一个奥格尔维法则，我们也可进一步把它引申为“借力法则”。美国奥格尔维—马瑟公司的总裁、广告业的创始人奥格尔维在一次董事会上，事先在每位董事的桌前放了一个玩具娃娃。“这就代表你们自己。”他说，“请打开看看。”当董事们打开玩具娃娃时，惊奇地发现里面还有一个小一号的玩具娃娃；打开它，里面还有一个更小的……最后一个娃娃上放着奥格尔维写的字条：“如果你永远都只启用比你水平低的人，我们的公司将沦为侏儒公司。如果我们每个人都任用比我们自己更强的人，我们就能成为巨人公司。”

“借力使力不费力”，人类之所以成为万物之灵，完全是因为在于会运用

“借力使力”的本领。简单来说，就是利用其他对象的力量来完成想要实现的目标。

一个小男孩在他的玩具沙箱里玩要，沙箱里有他的一些玩具小汽车、敞篷货车、塑料水桶和一把亮闪闪的塑料铲子。在松软的沙堆上修筑公路和隧道时，他在沙箱的中部发现一块巨大的岩石。小家伙开始挖掘岩石周围的沙子，企图把它从沙箱中弄出去。他是个很小的男孩，而岩石却相当巨大。手脚并用，结果没有费太大的力气，岩石便被他连推带滚弄到沙箱的边缘。不过，这时他才发现，他无法把岩石翻过沙箱的边墙。

小男孩下定决心，手推、肩挤、左摇右晃，一次又一次地向着岩石发起冲击。可是，每当他刚刚觉得取得了一些进展的时候，岩石便滑落了，重新掉进沙箱。最后，他伤心地哭了起来。这整个过程，被男孩的父亲在起居室的窗户里看得一清二楚。当泪珠滚过孩子的脸庞时，父亲来到了他面前。

父亲的话温和而坚定：“儿子，你为什么不用上所有的力量呢?”垂头丧气的小男孩抽泣道：“但是，我已经用尽全力了，爸爸，我已经尽力了！我用尽了我所有的力量!”“不对，儿子。”父亲温和地纠正道，“你并没有用尽你所有的力量，你还没有请求我的帮助。”父亲弯下腰，轻松地将岩石搬出了沙箱。

善借外力就是赢家！立足自我但不排斥外力，这是成功思维不可缺少的一种境界。

成功往往是多因素的组合，也是多环节的链接，还有一个成长的过程。一个人的时间、精力、财力是有限的，有时不可能做到万事俱备。所以，获取别人的帮助是必需的，如资金、技术、信息、销售等。善借外力包括能不能找到外力、能不能借到外力、能不能跟外力建立长久的关系，大多数成功者正是得益于这一点。同样，你还没有成功，也与没能很好地处理这方面的关系有关。一个人或一个团体，凡是善于借助别人力量的，均可事半功倍，更容易、更快捷地达到成功的目的。

利用男女关系，轻松办成事

在找人办事方面，女性的成功率往往比男性大得多。这是因为，女性发挥了她们独特的品质，那就是温柔和纤弱。

世界上，人分两种，男和女。男女之间的关系在各种人际关系中最为突出，影响至深、至广。董卓位极人臣，权倾朝野，竟然死于一个女用人之手；唐明皇不爱江山爱美人，留下千古佳话，但也几乎毁灭了祖宗基业，断送了社稷江山；吴三桂冲冠一怒为红颜，封疆大吏竟然落得个国破家亡。由是观之，男女关系之重要，远非其他关系所能比。

近年来，有人将贪官的腐败堕落根源归于女性，什么“红颜是祸水”“贪官养情人”等论调喋喋不休，似乎贪官的一切罪恶皆由女性引发。这种不分青红皂白的指责，是对女性的一种侮辱。贪官的形成，原因是复杂的，既有其本身的因素，也有外因的诱惑，当然也包括美色的引诱。但是，贪官的“贪”绝对不全是女人的“错”。

男女正常交往是各自性格健全发展的重要条件。由于男女所处的生活环境不同，造成了各自不同的性格特点。男性粗犷奔放，豁达大度，刚毅勇猛，但欠缺细腻、温厚与耐心。女性细腻温柔，认真耐心，但欠缺粗犷、豁达、坚毅、勇敢。男女两性只有互相吸取对方性格的长处，弥补自己的短处，才能形成健全的性格。

由于心理和生理上的原因，男性与女性在一起时，会产生轻松、愉快的感受。这种感受使异性间相互吸引，形成良好的交往关系。人们常常发现，清一色的男子世界里，好像缺少了一些色彩，加进几个姑娘后，气氛马上活跃了；同样，长期处于嘻嘻哈哈的女人王国里，也会觉得怅然若失，一旦加入几个男性后，气氛也会变得活跃起来。所以，精明的管理者往往在工作小组中加入几名异性，不仅能使大家焕发精神，而且有助于工作效率的提高。

现代社会，异性之间的频繁接触，给人们的生活带来情趣，使我们的事业充满生机。但如果不注意和异性交往时的交谈艺术，是行不通的。有的人因对异性说了不恰当或不该说的话而引起对方的反感，甚至被斥之“下流”；有的人因善于处理和异性的交往，使自己的工作和生活轻松、愉快、和谐。

所以，在和异性交往时，要把握好度，说话不可过于亲密，交谈时应保持一定距离。男性不要随便问女性的姓名、年龄、婚姻及生理问题。

在男女交谈的场合，男性说话要文明、儒雅，这是有修养的表现。女性则不要与男性交头接耳，或发出使人莫明其妙的笑声，这会被认为是轻佻。

在人际圈子里，男女组合是不可缺少的，它可以使你的生活充满生气和活力，使你的整个“圈子”发挥无限的能量。在现实生活中，我们也经常发现这样有趣的事情：有些事情让男人去干，结果越干越糟，而让一位温柔的女性来处理，反而会有意想不到的结果，事情会得到圆满的解决。

适时到领导家做客

借一些重大节日的机会，到领导家里去拜访一下，同时带上适当的礼品，是一种相当有效的接近领导的方法。

偶尔到领导家做客表示敬谢之意的访问，这也是增进领导对自己评价的方法。对领导而言，部属来访确实是一件令人欣慰的事。一个连自己的直属部下都不愿意亲近的领导，总是一个有缺陷的领导。

如到领导家拜访做客，对领导的家人要积极给予赞美。对领导的言辞或和其家人的对话，要用比平常更有礼貌的态度，一一清楚地应对，自己举手投足间，都要随时保持“高度的戒心”。

由于经常拜访，久而久之，自然会跟领导的家人由生疏而变得熟稔。这时，可略不拘小节，但不可轻忽应有的礼节。因此，不管是初次拜访还是座上常客，毕竟和一般的访客不同，一定要知礼数。

“射人先射马。”这是一个历久弥新的谚语。要讨好领导的欢心，就先收买其家人的心，尤其是领导的太太。因此，送礼时礼物的选择，以领导夫人的喜好为第一要素。在领导的家吃饭时，对领导的太太亲手做的菜肴，更是不可忘记要大大地赞赏一番。

对领导称呼其孩子时，要恭敬地说“您公子、千金”，并且尽量和领导的孩子打成一片。要到领导家做拜访时，最好事先请求同意，而在拜访结束后或最迟到隔天，就要打电话向领导的夫人道谢。

当然，如果因为工作关系，为了求得领导的支持，频繁地往领导家里跑，也会使自己不受欢迎。为什么不能频繁地往领导家里跑呢？原因有三：

第一，部属与上司是工作关系，而住所却是一块私人的领地。许多人工作之后要回家，并不仅仅是为了获得食物和睡眠。如果光是为了这点事，不用回家也能解决问题。家是一种氛围，是一种让人从精神到肉体完全处于松弛状态的氛围。人们工作了一天，紧张了一天，回到家中，恰如鱼儿回到水中，鸟儿回到林中，好不轻松，好不自在。偏偏在这时，门铃响了，你进来了，带来了有关工作的整个记忆，破坏了别人优哉游哉的心态和生活节奏，这怎么可能受人欢迎呢？

第二，一个家庭大多有两个以上的成员，而别的成员对你这个只有工作关系的人介入进来，必然也是不满意的。或许，上司的夫人正要与丈夫一同外出去看电影；或许，上司正希望和夫人一起静静地待一会儿；或许，主人的孩子正等着爸爸或妈妈辅导功课……这样，即使你的上司没有对你的造访感到厌恶，人家的家庭成员也会讨厌你，并把这种情绪传染给你的上司。

第三，私下造访上司的住所，一般而言，动机都不怎么单纯，总是企图在彼此之间造成另一种“亲密关系”，以便获得好处。这是一种丧失自信的表现。你为什么不能通过自己的努力工作博得上司的好感呢？正直的领导必然对此产生反感，同事们会认为你是个“马屁精”。你得了好处，明明是努力工作而得到的，人家却说是“马屁”生效了；你吃了亏，人家则说你“活该”。即使有个别领导真会因此而给你一些好处，相形之下，又算得了什么呢？

找到你的“黄金搭档”

如果你渴望成功，一定要学会与人合作。每五个成功人里面，就会有两个人是因为找对了伙伴而成功的。

爱因斯坦是20世纪最聪明的人，他告诉我们：“一颗原子是产生不了作用的，但两颗原子互相撞击，却能产生13万吨黄色炸药的威力。”所以，找到一个可以和你“撞击”的伙伴，是你能否成功的第二大关键。你跟谁搭配能产生13万吨炸药的威力呢？去找这样的搭档呀！有些人找不到这样的搭档，有些人自以为找到后却又很快散伙……你一定要懂得和别人搭档、合作，如果刘备找不到诸葛亮，就没有中国历史上最佳搭配的君臣组合。如果你渴望成功，一定要学会“如何与人合作”，这太重要了。

马克思与恩格斯这两位革命巨人之间的友谊，是世界上的任何友谊都没法比的。马克思对恩格斯的才能十分敬佩，说自己总是踏着恩格斯的脚印走。而恩格斯总是认为马克思的才能要超过自己，在他们的共同事业中，马克思是第一提琴手而自己是第二提琴手。《资本论》这部经典著作的写作及出版，就是他们伟大友谊的结晶。

1848年，大革命失败后，恩格斯不得不回到曼彻斯特营业所，从事商务活动。这使恩格斯十分懊恼，他曾不止一次地把它称作是“该死的生意经”，并且不止一次地下决心：永远摆脱这些事，去干自己喜爱的政治活动和科学研究。然而，当恩格斯想到被迫流亡英国伦敦的马克思一家经常以面包和土豆充饥，过着贫困的生活时，他就抛开弃商念头，咬紧牙关，坚持下去，并取得成功。这样做，为的是能在物质上帮助马克思，从而使朋友，也使共产主义运动最优秀的思想家得到保存，使《资本论》早日写成并得以出版。于是，每个月，有时甚至是每个星期，都有一张张一英镑、二英镑、五英镑或十英镑的汇票从曼彻斯特寄往伦敦。1864年，恩格斯成为曼彻斯特欧门——恩格斯公司的合伙人，开始对马克思大力援助。几年后，他把公司合伙股权卖出以后，每年赠给马克思350英镑。这些钱加起来，大大超过恩格斯的家庭开支。从马克思来说，也正是为了对刚刚兴起的科学社会主义进行有效的指导，为了揭露资本主义的根本缺陷，才接受了恩格斯的这种帮助。

马克思和恩格斯是亲密无间的朋友，他们所有的一切，无论是金钱还是学问，都是不分彼此的。虽然他们分开了20年，但他们在思想上的共同生活并没有终止。他们每天要通信，谈论政治和科学问题。有一段时间，马克思把阅读恩格斯的来信看作是最愉快的事情。他常常拿着信自言自语，好像正在和恩格斯交谈似的。

马克思和恩格斯是那样地相互尊重，在他们看来，任何人对他们的思想和著作的批评都不及他们彼此交换意见那样意义重大。于是，一有机会，恩格斯便摆脱商务，跑回伦敦。他俩天天见面，不是在这个家里，就是在那个家里。讨论问题时，他们在屋子里，各自沿着一条对角走来走去，一连谈上几个钟头。有时两人一前一后，半晌不吭一声地踱步，直到取得一致的意见为止。于是，两人就放声大笑起来。

1867年8月16日，这是一个值得纪念的日子。这天凌晨两点，马克思向他的战友报告说，《资本论》第一卷所有印张（一共49个印张）的校对工作都已结束。他兴奋极了，写信对恩格斯说："这一卷能够完成，只是得力于你！没有你为我而作的牺牲，这样三大卷的大部头著作是我不能完成的。我拥抱你，感激之至！"《资本论》于1867年9月14日在德国汉堡出版，这是整个国际工人运动中，具有伟大意义的大事，也是两位巨人友谊的结晶。这种理解的友谊是那样深厚，甚至一直延续到马克思逝世之后。

成功没有捷径，就像爬楼梯，必须一级一级地爬。假如说，成功只有一部电梯的话，那这部电梯就是：与人合作。那么，你应该找什么样的人合作呢？除了志同道合外，还讲究一个互补性。如果你是光线，你要去寻找钻石；如果你是经纪人，你要去为最有潜力的明星服务；如果你是经营者，你需要找最好的产品；如果你是伯乐，你当然要去寻找千里马，不然怎么体现伯乐的价值？因此，这两者之间是相互呼应、互相补充，缺一不可的。常听人说"怀才不遇"。其实，在这个世界上，并没有真正的怀才不遇。关键是有没有找到精准的定位，有没有找到能跟你一起创造精彩的合作伙伴！

关注身边不起眼的人

“不起眼”的人只不过是那些看起来还没有成功的人，请尊重那些你觉得“不起眼”的人。

如果说每个人身上都笼罩着一定的光芒，最亮的像明星，一般的像灯火，那么所谓“不起眼”的人通常都是在你光芒之下的人，如职位不如你高、生活状况不如你优、相貌长得不如你好等。但是，别忘了两句老话：“莫欺少年穷”；“英雄不问出处”。而在今天这个到处充斥着无数机会、无数变化，雨后春笋般突现商业奇迹、职场英雄、成名神话的时代，这些话就更加受用了。三十年河东，三十年河西。一个人的今天不好，不代表他的明天也不好；一个人的今天好了，却也代表不了他就永远都好。我们每个人的命运都在随时酝酿着转机，看低别人，最后只会令自己大跌眼镜。

有这样一个发生在美国纽约的故事：

一天，美国著名的企业“巨象集团”的花园，来了一位四十多岁的妇女，还领着一个十几岁的小男孩。他们坐在一张椅子上，女人似乎很生气地在训斥着男孩，边说着，还边把一团用过的卫生纸扔在旁边的灌木丛上。而灌木丛边，站着一位正在修剪灌木的老人。老人看到扔过来的纸团，又看了看正在训斥小男孩的妇人，什么也没说，默默地把纸团拣起来扔到附近的垃圾桶里。没想到，只过了几分钟，中年妇女又拿出一张纸巾，擦了擦脸，又把纸团扔到草丛上。老人再次走过去，把纸团扔到垃圾桶里。

看到这一幕，妇女非但没有悔意，还指着老人大声地对男孩说：“你看，如果你再不好好学习，你将来就会和这老头一样，一辈子做这些卑贱的工作。”

老人听了，放下手里的剪刀，来到女士面前，仍然态度谦逊地问道：“夫人，请问您是这家公司的员工吗？这里是公司的私人花园，按理说只有员工才能进来。”

女人一听老花匠竟然敢质疑自己的身份，傲慢地说：“我可是下属一家公司的部门经理，我就在这里工作！”说着，还拿出证件在老人面前晃了晃。

老人沉默了一会儿，打了一个电话就回到灌木丛前继续自己的修剪工作。几分钟后，一名男子匆匆赶过来，毕恭毕敬地站在老人面前，对老人说：“我这就按您的吩咐免去这位女士的职务。”

老人没有回答来人的话，只是走到小男孩的面前，说：“孩子，这世界上最重要的，不是学会一身本领，而是要学会去尊重每一个人。”说完，便转身离开了。

中年妇女看着自己的上司如此尊敬一个老花匠，愣在那里不知所措。赶来的男人对妇女说：“你所鄙视的这位老人正是我们集团的总裁。而现在，你被开除了。”

“什么？他竟然是总裁詹姆士先生？”中年妇女不可置信地看着老人离开的方向，顿时待在原地。

尊重那些你觉得“不起眼”的人，也就是要我们有一个端正的品格，不要嫌穷爱富，或者说是眼睛只往上面看。其实，很多“不起眼”的人就生活在你周围，说不准哪一天就会大放异彩。而即使只是一个最平凡的人，你看不出他有成功、成名的可能和潜力，你也应该尊重他，“尊重别人就是尊重自己”。再说，一个普通的农民并不比一个基因专家笨，也不比一个将军卑微，只是他从事的行业和研究的领域不同而已。

你身边不起眼的人，将来也许会成为你的朋友，甚至会在关键时刻帮你一把，改变你的命运。

请将不如激将

采取激将法，必须注意方法和技巧，最好利用暗示，不能一激就将人激怒了，那只会让你吃不了兜着走。

我们常说“请将不如激将”，是因为人在做出决策时，往往容易受到某些特定因素的影响，从而在情绪激动中果断做出决定。但激将不可滥用，只有在一些特定时间和特定情况下使用，效果才能显著，事情才易办成。

诸葛亮用兵是一把好手，诸葛亮最爱用的办法之一就是军令状。军令状实际上就是对部下不信任，“空口无凭，立书为证”，把人家的小辫子先抓在自己手里再说。不但对马谡，就是刘备的铁杆兄弟张飞、赵云，当他们去打武陵、桂阳时，诸葛亮也要人家先立军令状。更有意思的是，诸葛亮在派关羽去华容道时，明明算计清楚了关羽要放曹操，也要关羽先立军令状。诸葛亮最爱用的办法之二是“激将法”，战马超之前要先激张飞，说谁也打不过马超，要请关云长来；打张颌前要激黄忠，说除了张飞谁也敌不过张颌；征孟获时又激赵云、魏延，要他们不听将令，私自出兵。军队里本应该是将帅同心，令行禁止。可是，诸葛亮对手下大将也玩弄玄虚。前面说了，征孟获时诸葛亮激赵云、魏延，要他们不听将令，私自出兵。打了胜仗，诸葛亮哈哈一笑，说是我激你们去的。

现代心理学研究证明，人们在险恶之际，既会不遗余力地奋斗求生，发挥潜在的能量，爆发出异乎寻常的勇气；又会自动放弃平素的偏见和隔阂，团结一致。所以，要想方设法把军队变成必死之“贼”一般，如此就能背水一战，无所畏惧，一以当十，所向披靡。

但如果要运用激将法，必须注意以下三点：

第一，激将要设法戳到对方痛处。戳到对方痛处，能激发对方办事的巨大力量。“激”，确切地说，就是要从道义的角度去激对方，让对方感到不再是愿不愿意去干，而是应该必须去干。

第二，利用对方的能力、自尊和名声激将。人都是要脸面的，尤其是那些“有头有脸”的人。于是，人的自尊、名声、荣誉、能力……便都可以作为“激将战法”中的武器。

第三，以言相激也必须掌握分寸。一味地苛求于办事不利，也容易伤和气。

有难事，找同学

同窗之情，情如手足，但在某种程度上胜于手足之情。有时候，同学是办事情最得力的帮手。

人非草木，孰能无情。读书的岁月，总是给人留下温馨、快乐、珍贵的记忆。当年，大家相互学习、相互体谅、相互关爱、相互帮助自然不说，就连当年的打架与磨擦，都会成为后来同学相聚时有趣的谈资和话题。同学关系是非常纯洁的，有可能发展为长久、牢固的友谊。在学生时代，人们年轻单纯，热情奔放，对人生对未来充满浪漫的理想，而这种理想往往是同学们共同追求的目标。曾几何时，彼此在一起热烈地争论和探讨，每个人的内心世界都袒露在别人面前。加之同学之间朝夕相处，彼此间对对方的性格、脾气、爱好、兴趣等能够深入了解。在学校，同学间大家平起平坐，毫无顾忌。但是，到了社会上，大家的地位就不同了。

即便你在学生时期不太引人注目，交往的范围也很有限度，你也大可不必受限于昔日的经验，而使想法变得消极。这是因为，每个人踏入社会后，所接受的磨炼均是百般不同的。绝大多数的人会受到洗礼，而变得相当注意人际关系的重要性。因此，即使与完全陌生的人来往，通常也能相处得好。由于这种缘故，再加上曾经拥有的同学关系，你完全可以重新展开人际关系的塑造。换言之，不要拘泥于学生时期的自己，而要以目前的身份来展开交往。

谁没有几位昔日的同窗，说不定你的音容笑貌还存留在他们的记忆中，千万不要把这种宝贵的人际关系资源白白浪费掉。从现在开始，你就要努力地去开发、建设和使用这种关系。

那么，我们该如何利用同学关系呢？

第一，加深关系，让同学主动帮忙办事。

姚崇是唐玄宗时期有名的宰相，权倾当朝。在姚崇的同窗之中，有一人深得姚崇的敬佩，那就是在姚崇高中秀才后，与其同拜一位老师门下继续深造，以期将来能考中进士，光宗耀祖的张宗全。

一次，老师要姚崇与张宗全就某个题目写一篇文章，两天之后他要考核。这两位学生下去都精心做了准备，将自认为写得最好的一篇交了上来。事有凑巧，姚崇与张宗全所写的内容几乎完全一样，且观点也相当一致，这如何不使老师为之恼火？没想到自己门下两位最得意的门生敢剽窃他人作品，这如何了得？

看到这种情况，姚崇据理力争，声明文章绝非剽窃。而张宗全的作品也非剽窃他人，但为了平息老师的怒火，张宗全就对老师说："这实属学生不该，前两天与姚崇兄弟论及此题，姚兄高谈阔论，学生深感佩服，遂引以为论。"

老师听到这番话，也知错怪了两位学生，就平息了心中怒火。事后，姚崇为此深感佩服，为张宗全的宽广胸襟所感动。姚崇当了宰相以后，遂向唐玄宗推荐此人。唐玄宗在亲自考核张宗全的才华之后，深以为信，便封了他一个正三品官衔，专职外藩事务。

由此可见，人情在同窗关系中的作用是多么巨大！张宗全就很巧妙地用了这个技巧，在一些较无关紧要的场合中，自己吃些小亏，做些让步，送个人情给对方，使姚崇一辈子都记住了这个人情，最后获得了一辈子的荣华富贵。

第二，经常参加聚会，以求关键时刻帮把手。

有人说："同学之情只有几年，一旦缘尽则情尽，没什么可值得留恋的。"这其实是错误的想法。要知道，大千世界茫茫人海，既为同学，实是缘分不浅。虽相处时间不长，但这中间的关系值得珍惜，值得持续下去。这不是多此一举，而实属必要！当你与同学分开后，如果还能相互保持联系的话，那对你的一生，或者说，对你将来所要达到的目的与理想，是会有很大好处的。这其中的有利方面，也许是你所未想到的。

刘备在读私塾时，由于讲义气、聪明，因此成了同学中的头。在这几年中，他经常帮助其他同学，与他们的关系处得非常好。后来长大了，大家都有自己的道路要走，刘备与这些要好的同学也就各奔东西了。

虽然大家分开了，刘备却很注重经常与同学保持联系。其中有一位叫石全的人，是刘备读书时最合得来的朋友。他读书后，仍回家继续供奉自己的老母亲，以尽孝道，靠打柴卖字画为生。刘备不嫌其清贫，经常邀请石全到他家做客，共同探讨当时的天下形势。这样的聚会每次都很成功，刘备与石全的关系也在不断地加强，情若手足。

后来，刘备为了实现心中宏伟的目标，就带起一支队伍参加了东汉末年的大混战。初时，刘备军事实力很小，不得不依附其他人。在一次交战中，刘备所带的军队被全部歼灭，只身一人逃脱，被石全隐藏起来，从而逃过一劫。

由此可见，同学关系有时在很危急的关头能帮上大忙，能起到排忧解难的作用。但是，一定要记住，这中间的好处是来自自己的努力。如果在你与同学分开之后并没有经常相聚，那关系之好从何谈起，从中受益更是一纸空文。所以，只要你有这份心、这份情，真诚地维持分开之后的同学关系，你的人际面便会更加地广泛，路子也会比别人多出几条。

第三，加入同学会，办事时求得照应。

在现代社会中，由于物质的极大刺激，造成许多人目光短浅。特别是在同学关系上，相聚时漠然处之，分开后互不来往，“你走你的阳关道，我过我的独木桥”。直到遇到困难时才想到同学，那就为时已晚矣！不过，随着人类社会的进步、人类认识的提高，大家也加深了对各种人际关系的认识。许多人在与同学分开之后，还经常保持着联系，或成立一个组织机构——同学会，这实在是一种十分有见地的方法。一年一小会，十年一大会。大家虽已不为同学，但关系越聚越坚、越聚越惜，彼此相互照应，“一方有难，八方支援”，这真是中国所特有的人际关系。它说明同学关系已越入一个更高的层次，不受时间所限，不受空间所限，只要有“聚”，那份关系、那份情将取之不尽、用之不竭！

利用亲戚好办事

当人们遇到困难时，大概首先想到的就是找亲戚帮助。作为亲戚，对方也大都会很热情地向你伸出救援之手。

有一句话“是亲三分向”是人们常用的，它说明了求人办事时亲戚的重要作用。因为是亲戚，便可以少了许多求人办事的顾虑，可以开诚布公，明白相告，而对方也可以根据亲情远近以及事情的难易程度，给予明确的答复。当然，如果遇上难办的事，而这事又必办不可，就要看亲情的威力了。需要注意的是，亲情是项长期投资，绝不能采取平时不烧香、遇事抱佛脚的态度。否则，亲戚能否为你办事就是一个问号了。

亲戚之间大多有血缘或亲缘关系，这种特定的关系决定了彼此之间联系的亲密性。必须注意的是，亲戚关系又是一种比较复杂的关系，主要表现在亲戚之间存在着多种差异，如经济的、地位的、地域的、性格的等。这些差异既可能成为彼此交往的原因，也可能成为产生矛盾的原因。因此，亲戚关系和其他关系一样，在交往中也存在一定的规律。如果遵循这些规律办事，彼此的关系就会越来越亲密。反之，违背了这些规律，亲戚之间也是会互相得罪的。

那么，亲戚之间在互相交往、互相求助中应注意些什么问题，才能使彼此关系更融洽、更牢固呢？

第一，经济往来要清楚，不要弄成一笔糊涂账。

在求助过程中，因经济利益问题而得罪人，在亲戚之间是屡见不鲜的。例如，亲戚之间的借钱借物等财物往来是常有的事，有时是为了救急，有时是为了帮忙，有时就是赠送，情况不同。但这些都体现了亲戚之间的特殊关系，把这种财物往来当成表达自己心意和特殊感情的方式。作为受益的一方，在道义上对亲戚的慷慨行为给予由衷的感谢和赞扬是必要的。如果他们把这种支持和帮助看得理所应该，没有一点表示的话，对方就会感到不满意，从而影响彼此的关系。

对于属于需要归还的钱物，同样是不能含糊的。这是因为，亲戚之间也有各自的利益，一般情况下应把感情与财物分清楚，不能混为一谈。只要不是对方明言赠送的，所借的钱物该还的也要按时归还。有的人不注意这个问题，以为亲戚的钱物用了就用了，对方是不会计较的。如果等到亲戚提出来，那就不好看了。

对于来自亲戚的帮助，要注意给予回报。这既是加深友谊的需要，也是报答对方帮助的必要表示。如果忽视了这种回报，同样会得罪人。

总之，亲戚之间的钱物往来，既可以成为密切感情的因素，也可能成为造成矛盾的祸根，就看你如何处理。

第二，一视同仁。亲戚之间虽有辈分的不同，但也应当相互尊重、平等对待。特别是彼此之间存在地位、职务的差异的情况下，更应如此。常言说："穷在街市无人问，富在深山有远亲。"这就是说，就亲戚而言，财大的、地位高的人对于比不上他们的亲戚是很有吸引力的。地位低的人总是希望从地位高的一方那里得到一些帮助，同时在他们提出自己的请求时，又怀有极强的自尊心。在这种情况下，如果地位高的一方对来求助的亲戚表示出不欢迎的态度，那就很容易伤害对方。一般来说，地位低的人对于被小看是很敏感的，只要对方露出哪怕一点冷淡的表示，都会计较、不满，造成不良的结局。在依靠亲戚关系办事时，一定要懂得人生命运的变幻莫测，"三十年河东，三十年河西"。对于任何亲人，都必须平等对待，一视同仁，既不骄傲于人，也不攀龙附凤，做一个忠实厚道本分的人，但绝不是窝囊废，更不是冤大头。

还有另一种情况，就是有些人求亲戚办事，特别是办一些有违原则的事，人家按着国家的法律、法规以及有关规定没有给你办，你就对此心怀不满，说人家不讲情谊之类的话，这也是很伤心的。

在有地位差异的亲戚之间，最常见的矛盾是在求与被求之间，在不能满足对方要求的情况下发生的。因此，如遇这些问题，一方应注意尽量地满足对方的需求，另一方则应考虑对方的难处，尽量不要给人家出难题。即使由于客观原因不能满足自己的需求，也应给予谅解，不能过多计较。

第三，不要一厢情愿，为所欲为。亲戚之间由于彼此关系有远近之分，有密切程度上的差别，在相处中要注意把握适当的分寸。"亲戚越走越亲"，是一般原则。关键看你如何走，这里面是有一定技巧的。

过去走亲戚可以在亲戚家住上一年半载，现在就有很多的不便。大家都有工作，都有自己的生活习惯。住的时间过长，很多矛盾就会暴露出来。过去就有沾亲带故一说，实际上就是攀附，但它确是利用亲戚关系的一个好方法。多个亲戚多条路，路多了自然更易办事。"沾"这一字是关键，就看你会

“沾”不会“沾”了。有这样一句话：“踏破铁鞋无觅处，得来全不费工夫。”意思是说，在找寻一件东西时，千辛万苦都没找到，最后在一个意想不到又容易忽视的地方找到了。在现代社会中，由于经济的发展、人际关系的复杂，许多人也因此困惑于求助无路的烦恼之中。这时，大部分人会响应“时代的潮流”，在“送礼风”的鼓吹下，去求“爷爷”、告“奶奶”。当然，这“爷爷、奶奶”也不会那么轻易地帮你。这时的你，不妨拿出这种精神，去求助于你的亲戚。毕竟，在任何社会，亲情永远是最可贵的！一旦自己陷入困境，需要求助，这些亲戚也许就是能帮助的对象。千万要注意提醒自己，放下架子，厚起脸皮，七大姑八大姨地去找、去拉关系，也许就是因为一个偶然的机会找到了这样的亲戚，那“踏破铁鞋”的工夫怎么会白费呢？

远亲不如近邻

邻里关系，在于平日培植。只有平日互相帮忙、互相照应，一旦有事相求，邻居才会倾力相助。

在这个世界上，除了亲戚朋友与我们的关系密切之外，还有一墙之隔的邻舍。俗话说："远亲不如近邻。"邻里关系搞好了是比亲戚还亲的亲人，这会让你受益许多。搞不好是比仇人还痛心的仇人，即便你有了困难他也不会帮，反而会拍手称快。

也就是说，和睦处好相邻关系，不仅是法律对相邻关系人的要求，更是维持和谐人际关系的需要。就此而言，要正确对待你的邻舍，处理好彼此之间的每一件小事，不要目光太短浅，只在乎当前，而是要学会关心别人、体谅他人。

邻居相处，经常打交道，难免出现磕碰，这样容易造成邻里关系不和睦。如能公正调解邻里纠纷，你就一定能赢得邻居的尊重。如此一来，当你需要邻居帮助时，邻居就一定会乐而为之。好邻居可以帮自己解决麻烦的家务事，好邻居会为和谐的邻里关系而努力。当别人家有了不愉快的事，好邻居会全力帮助解决。因此，当家里有事时，托邻居帮忙解决是很好的一个途径。

在一个小城市，有这样一对邻居，女人是个善良温柔的好妻子，和丈夫生活得很幸福。而他们的邻居是性子比较急躁的人，爱发脾气，心情不好时，会与家人吵架，甚至大打出手。对此，他们进行了适当的劝解，发挥了显著的作用。为避免矛盾升级，他们安排邻居妻子住在自己家。邻居丈夫一开始还赌气，自己给孩子做饭，忙里忙外。夜深人静时，他才体会到妻子的温柔体贴。妻子总会在自己忙得不可开交时倒一杯热茶，总把家收拾得井井有条，妻子轻柔的话语比谁的安慰都重要。他终于意识到自己并不是不爱她，只是妻子脾气暴了点。他认为妻子住在朋友家，但到处找都找不到。后来，他才知道妻子住在邻居家。于是，他过去赔礼道歉，夫妻俩重归于好。在那几天中，他们不断地安慰她，她也想到了丈夫对她的体贴关怀，已经不再责怪丈夫了。

在整个过程中，邻居的确起到了非常重要的作用。如果没有邻居的帮助，我们很难想象事情会发展到何种程度。

邻里和睦，相安互助；邻里交恶，屡起风波。只有邻里关系和睦，才能在日常相处中互相帮助。如果平时与邻居之间矛盾重重，那么，当你有事向邻居求助时，很难想象他会帮你。